家系図をつくる。

あなたの家系のヒストリーがわかる

永峰英太郎 著
渡辺宗貴 監修

自由国民社

はじめに

「あなたのひいお爺ちゃんは、偉い人だったのよ。だから、あなたもできるはずなの」――。

幼少期、失敗ばかりする私に、今は亡き母がよく口にした言葉です。以来、ずっと「曾祖父はどんな人だったのだろう?」と、頭の片隅に引っかかっていました。

2018年に父が亡くなると、相続手続きのため、父の出生から死亡までの戸籍謄本を取った私は、そこで、父の婚姻時の本籍地が「東京都台東区浅草橋」であることを知ります。

そのとき思ったのが、「曾祖父のことはもちろんだけど、俺は、親父のことも知らないことばかりなんだなぁ」ということでした。

自分の先祖たちは、いったいどのような人生を送ってきたのか。私は、自分の家系のルーツを追いたいと、強く思いました。

本書を手に取った皆さんも、現時点で、同じような気持ちを抱いていると思います。

ところで、家系のルーツを追うとなると、多くの人が真っ先にイメージするのは、本書のタイトルでもある「家系図をつくる」ことだと思います。

実際、家系図を作成すれば、先祖のつながりや名前、生年月日などがひと目で分かるため、壮大な家族のヒストリーを視覚的に捉えることができます。

しかし、それだけでは「曾祖父はどんな人だったのか」などは分からず、先祖の人となりをつかむことまではできません。

でも、本書があれば大丈夫です。

この本では、家系のルーツを追うために必要な要素をすべて詰め込みました。第1章では、先祖を把握するのに欠かせない戸籍の基本知識を、第2章では、戸籍の集め方を紹介します。第3章では、戸籍より1~2世代前の先祖の調査方法をレクチャーします。そして第4章では、判明した先祖の職業や身分の調べ方を、第5章では1000年前からの大きな家系の流れの追い方について触れていきます。すべて私の先祖を実際に追っていきますので、リアリティのある内容になっています。さらに、家系図作成の専門家である、家系図作成代行センター株式会社代表・渡辺宗貴氏のアドバイスがたっぷり詰まった一冊になっています。

本書を読んで、皆さんの家系のルーツを深く追っていきましょう！

永峰英太郎

第3章 戸籍より1〜2世代前の先祖を調査しよう！

第4章 これまで判明した先祖の職業や身分を調べよう！

第5章 戸籍よりもっとさかのぼった家系の調査をする

第1章

まずは知っておきたい、戸籍の基本知識

1-1

家系のルーツを追う方法は、4つの時代で異なる

これから、父方や母方の家系のルーツを追っていきますが、その調査方法は、先祖が生きた時代によって、異なってきます。

まず、**現在から明治初期までの家系のルーツについては、「戸籍」で追っていきます。**戸籍とは、日本国民が出生してから死亡するまでの身分関係（出生、婚姻、死亡など）を登録し、公に証明するための公簿のことです。

現在の戸籍は、一組の夫婦と姓が同じである未婚の子どもを単位に作成されています。戸籍は、本籍地の市区町村役場に保管されています。

日本の戸籍制度の歴史は古く、大化の改新までさかのぼるのですが、現在、取得できるのは、明治時代からの戸籍です。もっと詳しく言うと「明治19年式戸籍」と呼ばれる戸籍までとなります。

戸籍の書式は、何度も変更されており、一定の期間を過ぎると廃棄されるため、明治19年式戸籍以前の戸籍は、取ることはできないのです。

戸籍で4～5代前の先祖が判明する

戸籍によって、たどることのできる先祖は、およそ4～5代前（江戸末期）までとなります。

４つの時代の調査方法

家系のルーツを追う方法は、先祖の時代によって異なります。具体的には４つの時代に区切って行います。

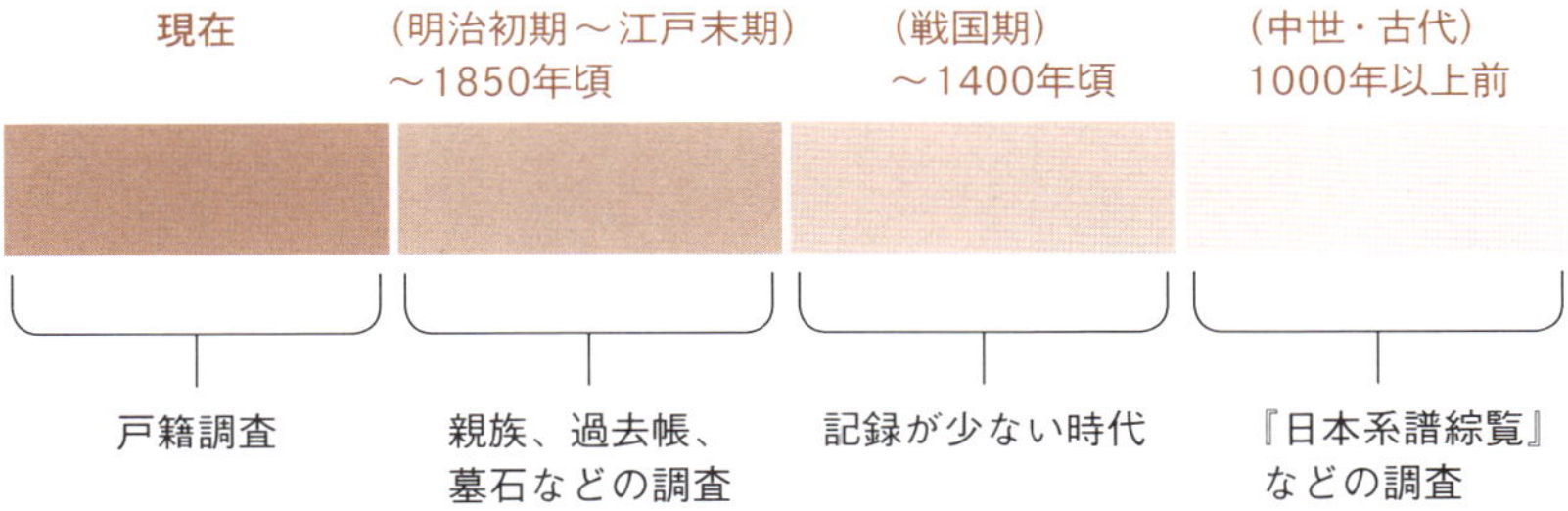
現在
（明治初期〜江戸末期）
〜1850年頃
（戦国期）
〜1400年頃
（中世・古代）
1000年以上前
戸籍調査
親族、過去帳、墓石などの調査
記録が少ない時代
『日本系譜綜覧』などの調査

戸籍を取ることで、江戸末期や明治期に先祖が住んだ地名が分かります。これを手掛かりに、**菩《ぼ》提《だい》寺《じ》の墓や過去帳などを調べることで、さらに1〜2代前の先祖が判明する**可能性があります。

家系調査で難関となるのが「戦国期」です。人の移動が自由だった時代のため、江戸時代に住んでいたエリアで生活していたとは限らず、先祖の足跡を追いにくいからです。

最後の「**中世・古代**」については、**その時代に生きた人の家系が『日本系譜綜覧』や『系図綜覧』といった文献にまとめられており、多くの人が「源平藤橘（日本で代表的な4つの氏）」にたどり着きます。**

このような段取りを通じて、自分の家系のルーツを追っていくのです。

1-2

戸籍謄本は書式の変更などにより3種類ある

戸籍には、全員が記載されている「謄本《とうほん》」と、戸籍の一部（特定の1人）が記載されている「抄本《しょうほん》」があります。家系調査では、謄本を使用します。

戸籍謄本は、記載されている人が死亡・離婚・婚姻・転籍（本籍地を変更）すると、その戸籍から抜けることになります。これを「除籍」と言います。**除籍により、誰もいなくなった戸籍は、除籍簿に入れられることになります。この戸籍を「除籍謄本」と言います。**

戸籍は、戸籍法の改正により、何度も書式が変更されており、そのつど、既存の戸籍は新しい書式につくり替えられます。明治19年式戸籍から現在まで4回改正されています。**改正前の戸籍を「改製原《はら》戸籍謄本」と言います。**

家系調査では、改製原戸籍謄本も必須

改正後の戸籍には、改正時点で、すでに除籍になっていた人など、不要な情報は転記されません。改正前にA氏の長男が結婚した場合、改正後のA氏の戸籍謄本には、長男の名前は記載されません。

そのため、家系の情報を集める際は、改製原戸籍謄本も入手することが大切になります。

戸籍謄本と戸籍抄本の違い

戸籍を取る際は、「謄本」と「抄本」のどちらかを選択する必要があります。
家系のルーツを追う場合は、抄本ではなく謄本を取ります。

家系調査ではこちらを使用！

戸籍謄本	戸籍に記載されている全員について証明したもの
戸籍抄本	戸籍に記載されている1人について証明したもの

戸籍謄本は3種類ある

戸籍法の改正による書式の変更や、戸籍に記載された人の死亡や離婚などにより、戸籍謄本は、3つの種類に分けられます。

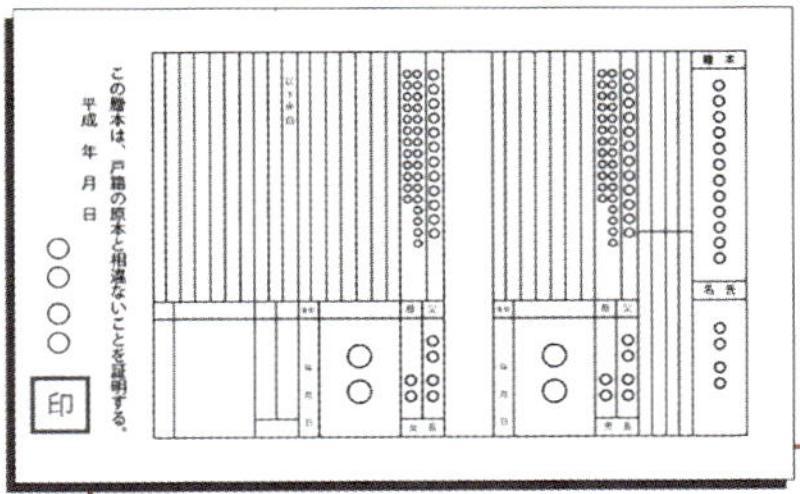
この謄本は、戸籍の原本と相違ないことを証明する。
平成 年 月 日
印

改製原戸籍謄本

戸籍制度は戸籍法の改正により何度か書式の変更が行われています。改製原戸籍謄本は、改正前の古い戸籍のことを指します。つまり、この戸籍があった場合は、新しい戸籍も取る必要があります。

戸籍の人物が全員いない

戸籍法の改正で書式が変更

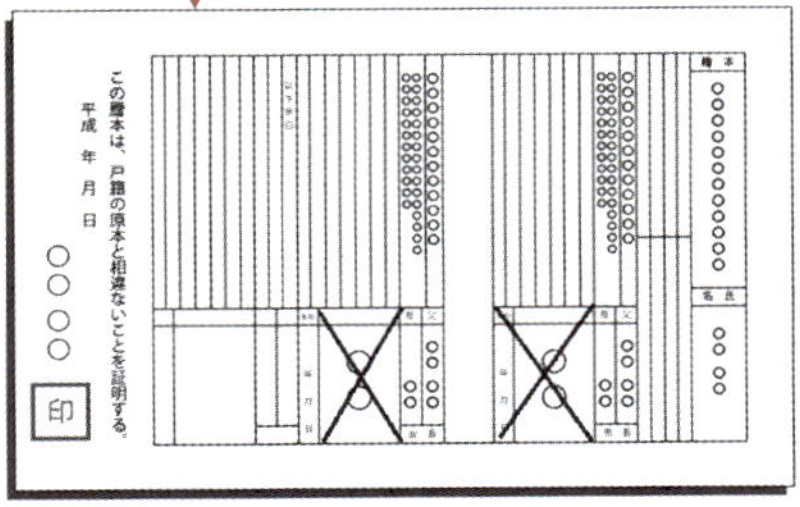
この謄本は、戸籍の原本と相違ないことを証明する。
平成 年 月 日
印

除籍謄本

記載されている人物すべてが、結婚や離婚、死亡、転籍（本籍地を変更）により、誰もいなくなった戸籍のこと。名前のところに「×」が記されています。

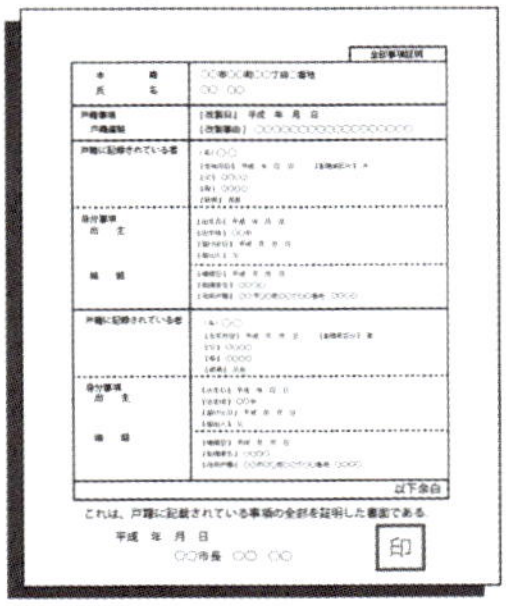
全部事項証明
以下余白
印

戸籍謄本

戸籍法の改正により、新しくなった「最新バージョンの戸籍簿」のこと。改正前の不要となった情報は載らないため、家系を追うには、必要な情報が抜け落ちることもあり得ます。一つ前の改製原戸籍謄本の取得は必須です。

改正後の戸籍には、改正前に除籍された人の情報はすべて削除されてしまうんです！

1-3

戸籍謄本に記載されている項目を把握する

明治以降、戸籍は書式変更が繰り返されており、現在の戸籍とはフォーマットが異なります。記入されている項目も違います。昔の戸籍には、どんな項目があるのかを知っておくと、戸籍を読み解きやすくなります。

現在取得できる最も古い様式となるのが「明治19年式戸籍」（左ページ参照）**です。**本籍地は、基本的に住所地となり、戸主（旧民法の制度で、家の統率者のこと）を中心として、その戸主の直系・傍系の親族を一つの家族として記載されています。そのため、孫やひ孫など、多くの人物が把握できます。

変体仮名も多い「明治19年式戸籍」

一方で、すべて手書きで、変体仮名や旧字体の数字なども多く、解読が難しい側面もあります。なお、この戸籍から、転籍などにともなう除籍制度が設けられました。

明治31年になると、戸籍法が改正され、戸籍の目的を「身分の公証」とし、「明治31年式戸籍」（15ページ参照）**に切り替わりました。**特徴としては、新たに「戸主ト為タル原因及年月日」とい

明治19年式戸籍

現在取得できる中で、最も古い様式となるのが明治19年式戸籍です。現在入手できるのは、除籍または改正原戸籍です。戸主（旧民法の制度で、家の統率者・支配者）と、その戸主と関係がある家族の「家」の単位で構成され、その直系・傍系の親族を一つの家族として記載してあります。

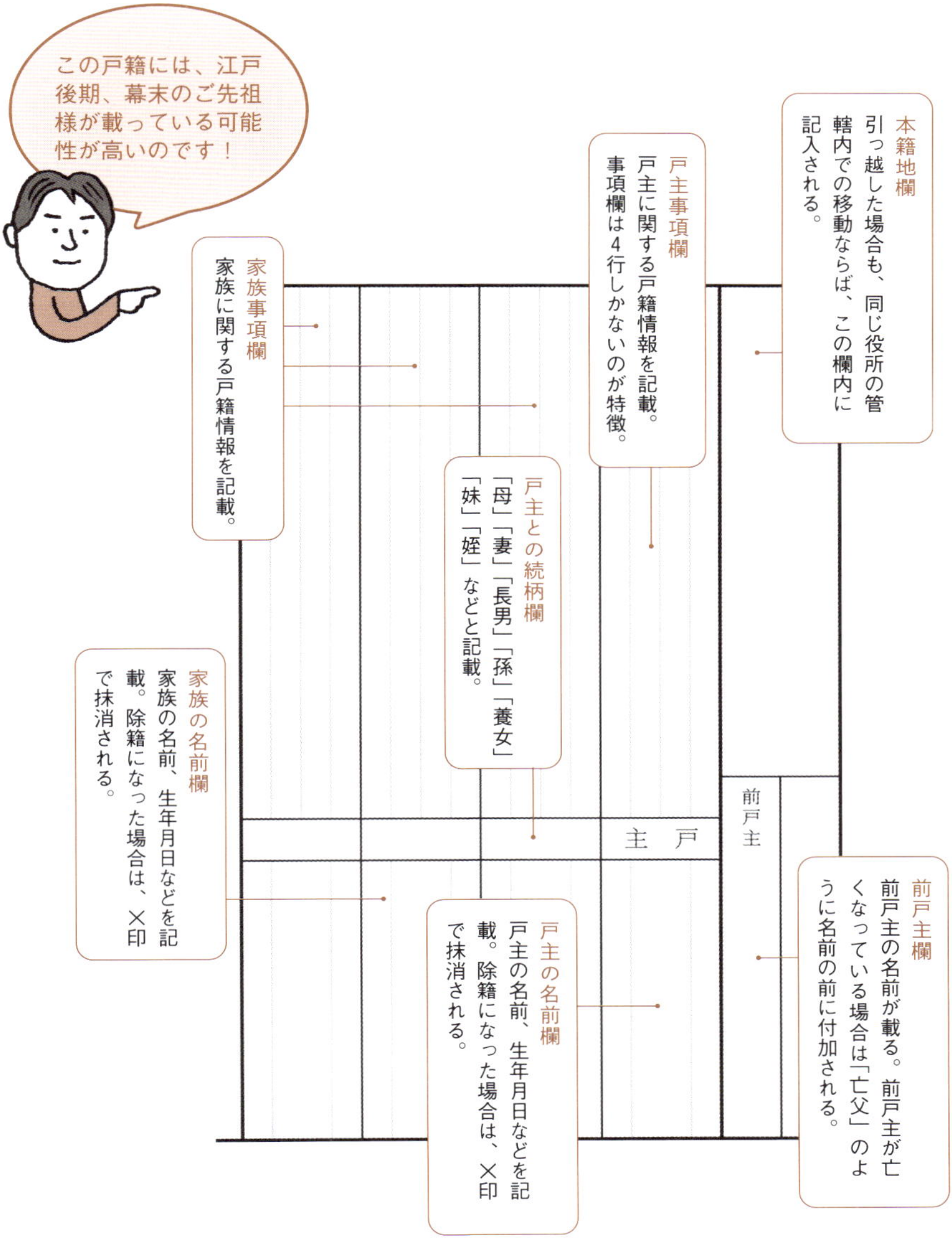
この戸籍には、江戸後期、幕末のご先祖様が載っている可能性が高いのです！
本籍地欄
引っ越した場合も、同じ役所の管轄内での移動ならば、この欄内に記入される。
戸主事項欄
戸主に関する戸籍情報を記載。事項欄は4行しかないのが特徴。
家族事項欄
家族に関する戸籍情報を記載。
戸主との続柄欄
「母」「妻」「長男」「孫」「養女」「妹」「姪」などと記載。
前戸主
戸主
家族の名前欄
家族の名前、生年月日などを記載。除籍になった場合は、×印で抹消される。
戸主の名前欄
戸主の名前、生年月日などを記載。除籍になった場合は、×印で抹消される。
前戸主欄
前戸主の名前が載る。前戸主が亡くなっている場合は「亡父」のように名前の前に付加される。

う欄が設けられた点です。「いつ、どんな理由で戸主になったか」が記載されるようになったのです。父母の氏名や続柄、出生欄も設けられました。

続いて、**大正４年の戸籍法改正により「大正４年式戸籍」**（16ページ参照）**が誕生します。**それぞれの家族について「両親」「生年月日」「長男」などが記載されるようになりました。「明治31年式戸籍」にあった「戸主ト為タル～」は無くなり、戸主の事項欄に記載されるようになりました。

時代錯誤の戸主は廃止、筆頭者に変更

戦後、新しい憲法施行にともない、戸籍法も大きく改正され「昭和23年式戸籍」（17ページ参照）**に切り替わります。それまでの戸籍は「戸主の直系・傍系の親族を一つの家族」が基本単位でしたが、「夫婦とその間の子」となりました。**

さらに、「戸主」は廃止されて「筆頭者」となりました。戸主は絶大な権限を持っていましたが、筆頭者は、戸籍の一番最初に書かれているだけで、法的権限は与えられなくなりました。

また、これまでの戸籍は、戸主が死亡すると新しい戸籍へ編製していましたが、昭和23年式からは筆頭者が死亡しても新しくなることはなく、その戸籍の筆頭者は亡くなった人のままとなります。

その後、平成６年に戸籍法が改正され、戸籍の電算化が始まります。**これまで手書きが主でしたが、コンピュータで入力されるようになったのです。これを「平成６年式戸籍」**（17ページ参照）**といいます。**なお、一部の自治体では、今現在でも、まだ「昭和23年式戸籍」が使われています。

明治31年式戸籍

明治31年7月16日から大正3年12月31日に編製された戸籍です。新たに「戸主ト為タル原因及年月日」という欄が追加されました。戸籍の目的は「身分の公証」となり、これまでの様式と比較すると父母の氏名や続柄、出生欄なども設けられました。

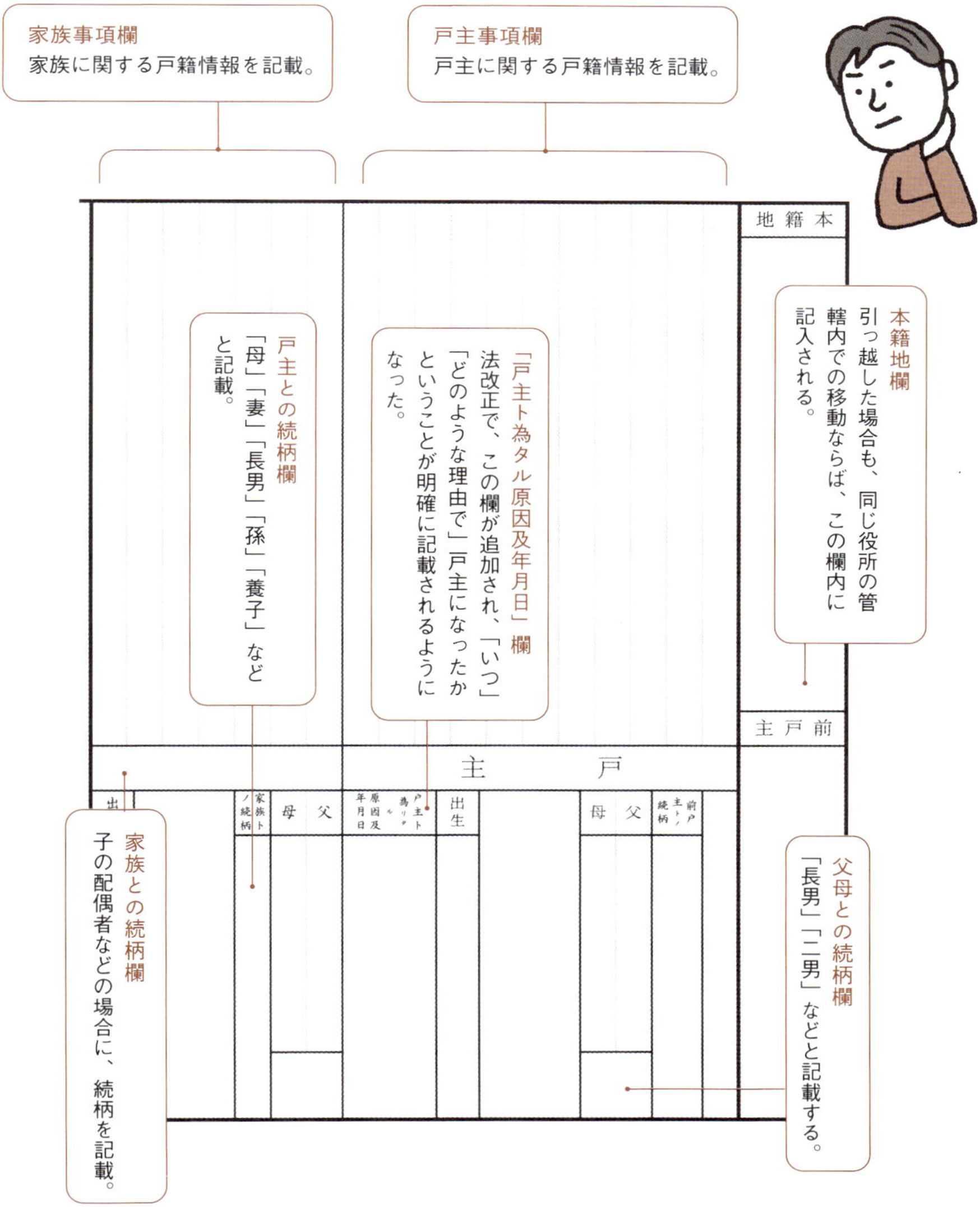
家族事項欄
家族に関する戸籍情報を記載。
戸主事項欄
戸主に関する戸籍情報を記載。
本籍地
本籍地欄
引っ越した場合も、同じ役所の管轄内での移動ならば、この欄内に記入される。
「戸主ト為タル原因及年月日」欄
法改正で、この欄が追加され、「いつ」「どのような理由で」戸主になったかということが明確に記載されるようになった。
戸主との続柄欄
「母」「妻」「長男」「孫」「養子」などと記載。
前戸主
戸主
出
家族トノ続柄
父
母
戸主ト為リタル原因及年月日
出生
父
母
前戸主トノ続柄
家族との続柄欄
子の配偶者などの場合に、続柄を記載。
父母との続柄欄
「長男」「二男」などと記載する。

大正４年式戸籍

大正4年1月1日から昭和22年12月31日に編製された戸籍です。家族1人ひとりに「両親」「生年月日」「家族の中で占める位置（長男の嫁など戸主との続柄）」などを記載。明治31年式戸籍にあった「戸主ト為タル原因及年月日」の欄は廃止。その事項は戸主の事項欄に記載されるようになりました。

皆さんの戸籍は、昭和23年式戸籍か、平成6年式戸籍のどちらかです。

家族事項欄
家族に関する戸籍情報を記載。1ページにつき２人分のスペースが設けられている。

戸主事項欄
戸主に関する戸籍情報を記載。これまでの様式に比べて、この欄は広いスペースが設けられている。

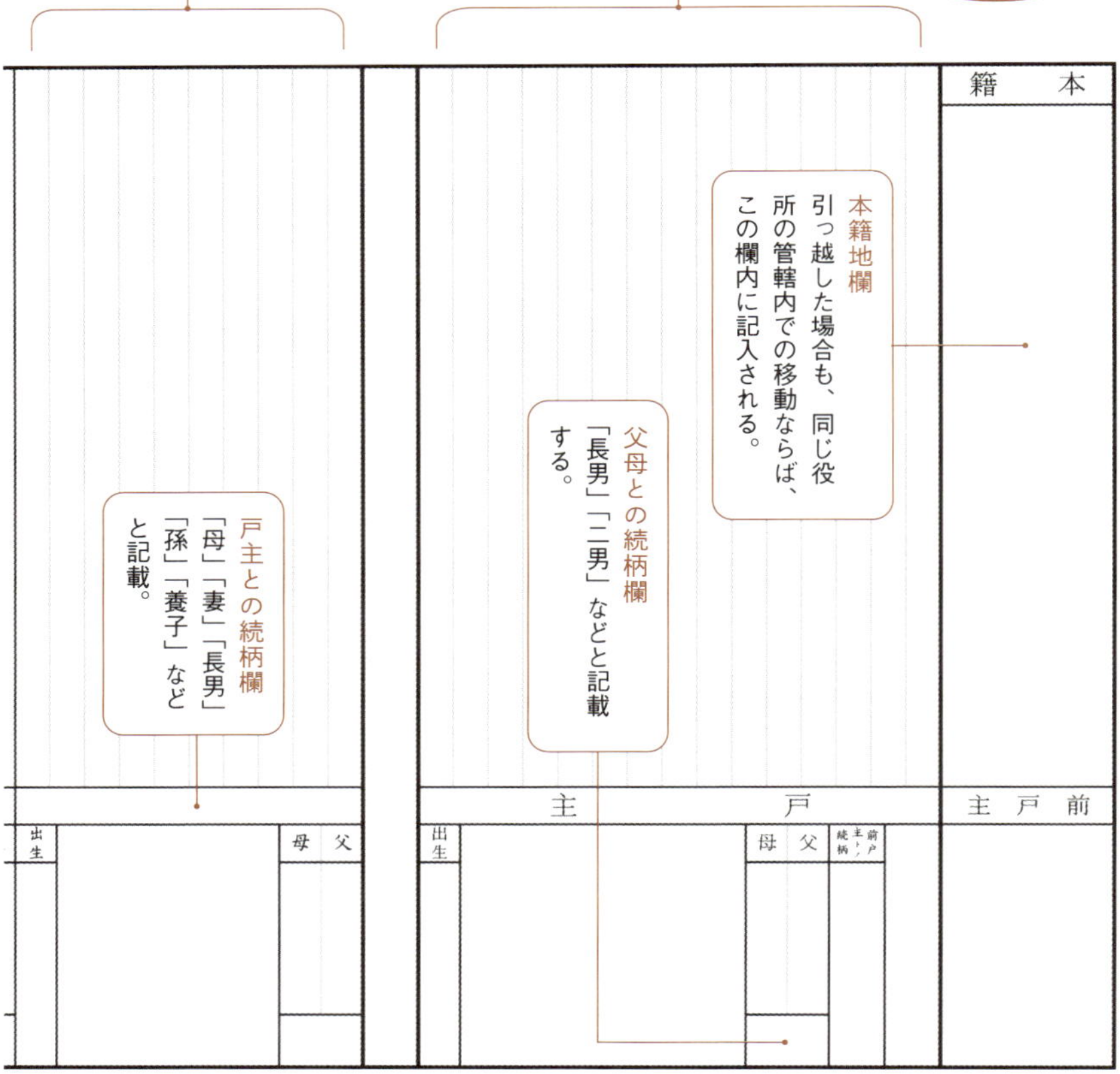

本籍
本籍地欄
引っ越した場合も、同じ役所の管轄内での移動ならば、この欄内に記入される。
父母との続柄欄
「長男」「二男」などと記載する。
戸主との続柄欄
「母」「妻」「長男」「孫」「養子」などと記載。
主　戸
前戸主
出生
母　父
前戸主ト／続柄

昭和23年式戸籍

戦後の日本国憲法施行にともない、戸籍法も大改正されました。これまでの「家」を基本単位とする戸籍が、「夫婦」を基本単位とする戸籍に変わり、一つの戸籍に入るのは夫婦とその子までとなりました。また「戸主」は廃止となり、「筆頭者」となりました。

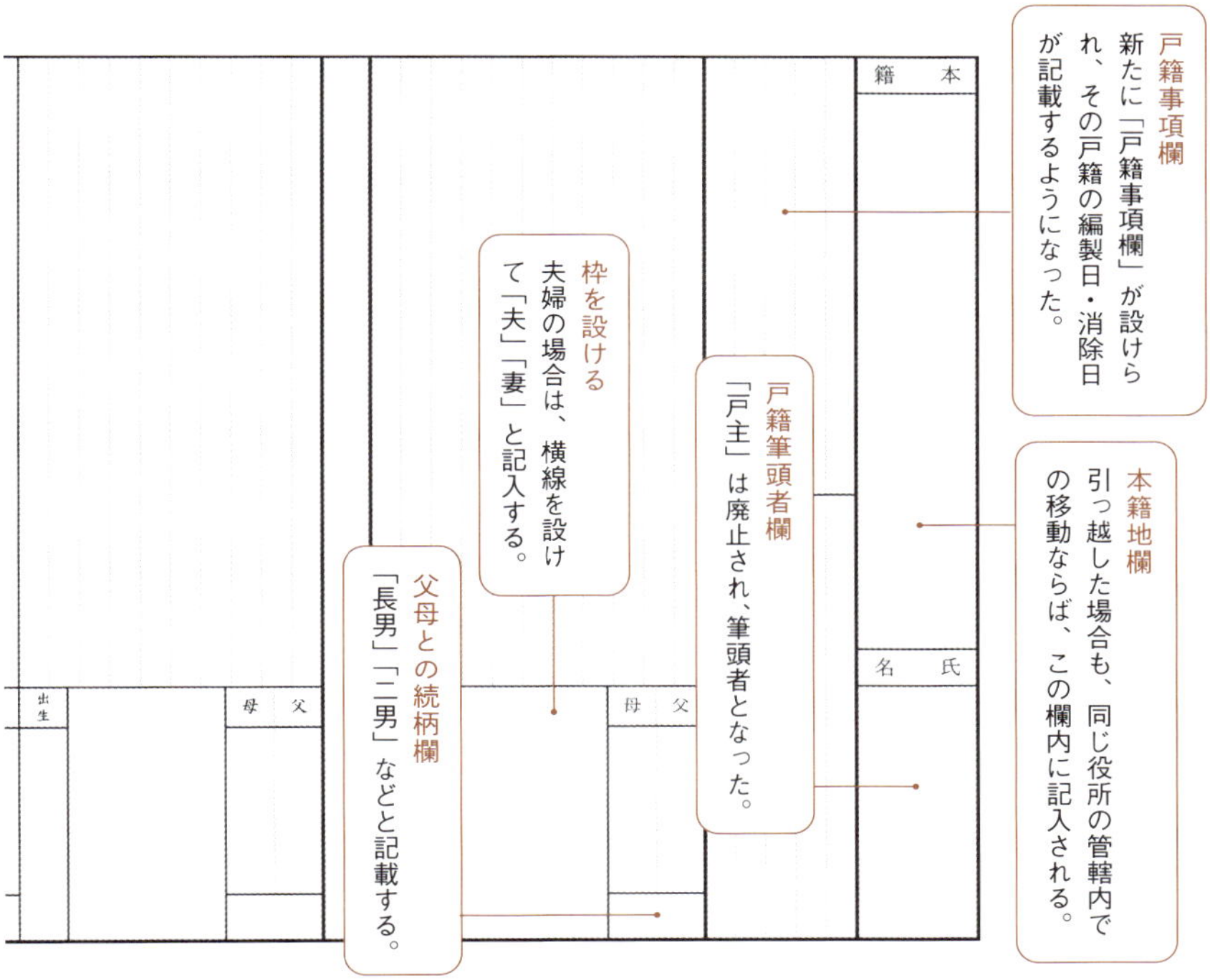
戸籍事項欄
新たに「戸籍事項欄」が設けられ、その戸籍の編製日・消除日が記載するようになった。
本籍地欄
引っ越した場合も、同じ役所の管轄内での移動ならば、この欄内に記入される。
戸籍筆頭者欄
「戸主」は廃止され、筆頭者となった。
枠を設ける
夫婦の場合は、横線を設けて「夫」「妻」と記入する。
父母との続柄欄
「長男」「二男」などと記載する。
本籍
氏名
父
母
出生

平成６年式戸籍

平成6年に戸籍法が改正され、戸籍事務の電算化が始まり、戸籍の処理はコンピュータで管理するようになりました。内容は「昭和23年式戸籍」と同じです。なお、自治体によっては、まだ電算化されていないケースもあります。電算化された場合は、平成６年式戸籍が最新となり、昭和23年式戸籍は「改正原戸籍」となります。

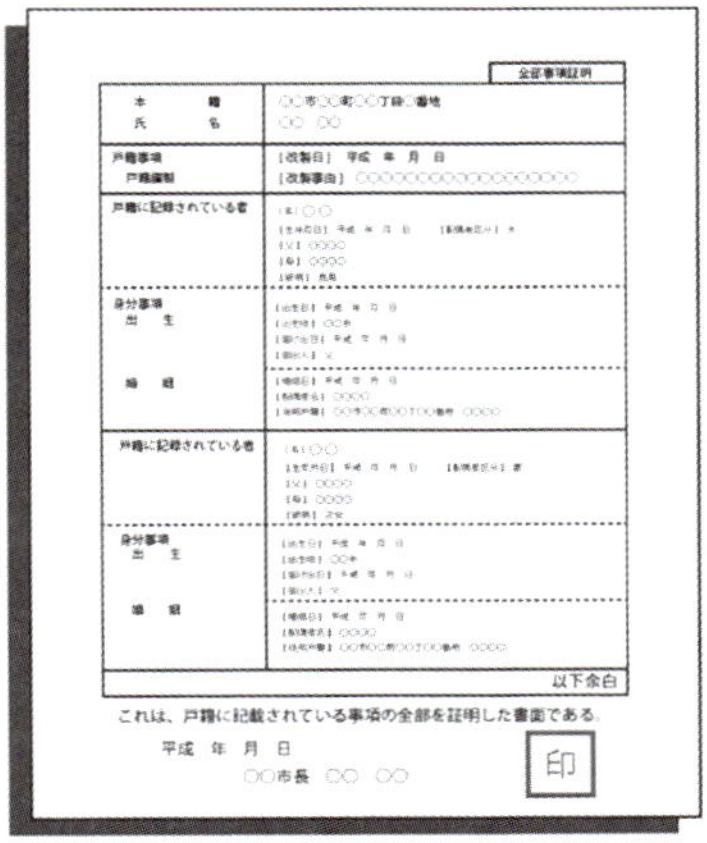
全部事項証明
本籍 ○○市○○町○○丁目○番地
氏名 ○○ ○○
戸籍事項
戸籍編製
［改製日］平成 年 月 日
戸籍に記録されている者
身分事項
出生
婚姻
以下余白
これは、戸籍に記載されている事項の全部を証明した書面である。
平成 年 月 日
○○市長 ○○ ○○
印

1-4

戸籍謄本の取り方の基本を知ろう

戸籍を管理しているのは、本籍地の市区町村です。そのため、**戸籍を取る際の窓口は、基本的には、本籍地のある役所となります。**直接、出向いてもいいですし、郵送で請求してもOKです。自分の戸籍であれば、コンビニ発行も可能です。

令和6年より、本籍地以外の役所でも、戸籍謄本を取ることができるようになりましたが、古い戸籍は、本籍地のある役所で手続きしたほうが無難です。本籍地が今はない地名だったりと、ほかの役所では対応が難しいケースも多いからです。

戸籍謄本を取れるのは、配偶者や直系尊属のみです。父方の曾祖父の戸籍を取る場合は、直系尊属である証拠として「自分と祖父が入っている父親の戸籍」と「曾祖父が入っている祖父の戸籍」が必要になります。

同じ役所に、先祖の戸籍が複数あるケースも

なお、**同じ役所に、祖父の戸籍が複数ある可能性もあるので、請求書には「○○の出生から死去までの戸籍が欲しい」と書く**こと。同じ役所に、祖父や曾祖父の戸籍があることも多いので、「父方の直系尊属すべて」とも書いておきましょう。

戸籍謄本を取る際の注意点

戸籍謄本を取る際は、あらかじめ用意しておくものや、請求書の書き方など、留意しておきたいポイントがあります。

戸籍謄本の取り方は「役所に出向く」「郵送請求する」「コンビニで発行する」の3つ。やりとりを楽しみたいなら、役所に出向くのがオススメです！

揃えるもの

請求書

役所に置いてあります。本籍のある市区町村の役所のサイトからダウンロードすることもできます。

本人確認書類

運転免許証、マイナンバーカードなど。郵送の場合は、コピーでかまいません。

戸籍と請求者との関係を証明する書類

請求する戸籍に自分の名前が記載されていれば、この書類は必要ありません。

例）父方の曾祖父の戸籍を取る場合
- 自分と祖父が入っている父親の戸籍が必要
- 曾祖父が入っている祖父の戸籍が必要

▼郵送の場合

定額小為替

戸籍は450円、除籍・改製原戸籍は750円。郵便局で購入できます。

返信用封筒

宛先を記入し、切手を貼ったもの。請求者の住民登録地のみの返送となります。

▼コンビニ発行の場合

マイナンバーカード

住まいと本籍地の市区町村が異なる場合は、本籍地の市区町村へ戸籍証明書のコンビニ交付利用登録申請が必要となります。コンビニの端末から申し込みます。

請求書の書き方

※中野区の請求書。自治体によって、申請書のフォーマットは異なる。

証明書の種類		謄本（全部）	抄本（一部） 必要な方のお名前	手数料
	戸　籍	通	通（　　様）	1通　450円
	除　籍	通	通（　　様）	1通　750円
	改製原戸籍	通	通（　　様）	1通　750円
	※戸籍の附票	通	通（　　様）	市区町村により異なることがあります。
	※戸籍の附票に記載してほしいものに☑してください（戸籍の附票記載事項項目） □ 本籍・筆頭者　□ 在外選挙人名簿登録地　□ 全て省略			
	身分証明書（ご本人以外は委任状が必要です）		通（　　様）	
	その他（　　）		通（　　様）	

■請求理由　お使いみちを必ずご記入ください
□パスポート　□戸籍届出（婚姻・転籍・その他　　）
□公的年金（どなた　　様）の（種類：国民・厚生・　　年金）の請求・停止
□相続（亡くなった方　　様）必要な記載内容がある場合は、下の「必要事項」の欄にお書きください。
※戸籍に名前が載っている方との関係性のわかる戸籍等が必要な場合があります。詳しくは裏面をご確認ください。
□その他（具体的にご記入ください　　）

■必要事項（必要な記載内容がある場合は、詳細を以下にご記入ください）
（　　様）の（出生・婚姻・　　）から（死亡・現在・　　）までの戸籍を 各（　　）通
（　　様）と（　　様）の（親子・兄弟姉妹・　　）関係が載る戸籍を（　　）通

証明書の種類は「戸籍」「除籍」「改製原戸籍」のいずれかになります。なお、「抄本」は家系のルーツを追う場合は、使用しません。

請求理由については、「その他」の項目に「先祖の調査」「家系のルーツを追っている」などと記入します。

先祖の戸籍が、同じ役所に数枚ありそうであれば、まとめて請求します。請求書に「○○様の出生から死亡までの戸籍」といった項目があれば、そこに記入します。こうした項目がない場合は、空いているところに「○○の出生から死去までの戸籍が欲しい」と記入しましょう。

1-5

戸籍に出てくる「単語」の意味を理解する

戸籍の記載には、専門用語が多く使われています。特に「明治式」や「大正式」といった古い戸籍には、今は使用されない「本家・分家」「戸主」などの単語も多く登場します。これらの単語に意味を理解しておくと「祖父は分家したんだ！」など、より深く先祖の歴史を知ることができるようになります。

また、現在の戸籍についても、普段は耳にしなかったり、通常とは意味が違う単語も少なくありません。ここで紹介する単語を知っておけば、戸籍を読み解くのが、非常に楽になるはずです。

すべての年度式の戸籍に出てくる単語

本籍地

戸籍が保管されている場所。旧戸籍法（明治31年から昭和22年まで）の本籍地は原則住所のため、本籍地と住所は基本的に一致する。現在は、自由に決めることができる。

除籍

死亡、婚姻、離婚、転籍などで戸籍に在籍している全ての人が除かれた戸籍のこと。ある人が死亡、婚姻などで在籍していた戸籍から除かれて抜けることも除籍という。

入籍

子が出生によって父母の戸籍に入ること。あるいは婚姻・縁組などで、現在の戸籍から出て、他の戸籍に入ること。「婚姻」の意味では使用していないので、注意が必要。

筆頭者

戸籍の最初に記載される人のこと。筆頭者が死亡しても変わらない。婚姻により氏を改めなかった方が、筆頭者になる。未婚の場合は、父または母が筆頭者である場合が多い。

転籍

本籍地を移転・変更すること。新しい本籍地は、戸籍の筆頭者や配偶者からの届出により自由に設定できる。

消除《しょうじょ》

戸籍が閉鎖されることを消除という。消除された戸籍が除籍で、一方、戸籍法の改正によって消除された戸籍を改製原戸籍という。

古い戸籍に出てくる単語

本家《ほんけ》・分家《ぶんけ》

嫡男家系によって継承されているのが「本家」で、その本家から出て、新しく一家を創立することを「分家」という。

総本家《そうほんけ》

明治31年施行の民法により使用廃止となった用語で、一族の根源となる本家を指す。

戸主《こしゅ》

家にはその家長としての身分を持つ「戸主」がいて、戸主は家族に対して一定の権限と義務を担った。戸主の権限は、昭和23年の現行民法によって消滅し、戸籍上は「筆頭者」となった。

隠居《いんきょ》

戸主が自ら生前に戸主の地位を退き、戸主権を相続人に継承させ、その家族となること。戸主が老衰などからその責任を果たせなくなったとき、戸主は自らの意思で隠居することができた。

入家《にゅうか》

養子縁組などにより、他の家の籍に家族の一員として入ること、あるいは入れること。

婿養子縁組

婚姻と同時に夫が妻の親と養子縁組すること。婿入りした男性は妻の氏を名乗るようになる。

入夫婚姻《にゅうふこんいん》

女性で戸主の地位にあるものを「女戸主」といい、その家に、夫が婚姻で入る婚姻の形態のこと。

縁女《えんじょ》

戸主が、将来的に実子や養子と結婚させることを目的として、女子を自分の家の戸籍に入籍させること。男子の場合は縁男という。

離籍《りせき》

戸主には強い権限があり、戸主の同意を得ずに結婚や養子縁組をした家族などを「家」から排除することができた。これを離籍という。

廃絶家再興《はいぜつけさいこう》

廃家または絶家によって家が一旦消滅したのちに、一定の条件のもとに、その家を再興すること。

復籍《ふくせき》

婚姻・養子縁組などで他の戸籍に入った者が、離婚・離縁などによって、元の戸籍に戻ること。

廃家《はいか》

戸主が婚姻や養子縁組などの理由により他の家に入るために、自らの意思により元の家を消滅させること。

家督相続《かとくそうぞく》

現在の戸主が、家督を次の戸主へ継承することを指す。優先順位が決められており、被相続人の直系卑属を第1順位とし、男子優先、年長優先、嫡出子優先だった。

分籍《ぶんせき》

従前の戸籍から分離・独立させて、新しい単独の戸籍をつくること。

一家創立《いっかそうりつ》

戸主が入籍などを拒絶し、入る戸籍がない者は、新たに「家」をつくることになり、これを一家創立という。

1-6

古い戸籍に登場する昔の字の読み方にはコツがある

現代では、ひらがなは1文字1字体ですが、**大正期までは、漢字をくずしてつくられた異体字が多数ありました。この文字を「変体仮名」と言い、大正7年式戸籍までは、人名に使われていました。**

私の先祖には「こま」と「はな」という女性がいました(左ページ参照)。変体仮名の「はな」は、一見すると、「むふ」と読み取ってしまう可能性もあります。あるいは、まったく読解できない変体仮名もあります。

変体仮名については、気合だけでは読み取れません。「変体仮名を調べる」というサイトにアクセスし「変体仮名の字母・漢字表」というコンテンツで調べれば、簡単に正解が得られます。

読解できなければ、役所に聞く

また、古い戸籍は手書きのため、字がつぶれていたり、個性的な字だったりで、読み取るのが難しいケースも少なくありません。この場合は、**役所に電話で問い合わせをしましょう。**その際は、戸籍の発行番号(戸籍の右下など)を聞かれることが多いので確認しておきましょう。左ページ下の戸籍の文字は、役所が読み解いてくれました。

変体仮名の読み解き方

ひらがなは、昔は、漢字をくずしてつくられた文字が多くありました。
これを「変体仮名」と言います。戸籍では、女性の名前に多く見られます。
その対処法を紹介します。

POINT ネットで調べる

変体仮名は、知識がなければ、読み解くことは不可能です。変体仮名を扱ったサイトを利用して、照らし合わせながら、探していくのがベストです。

オススメのサイト
「変体仮名を調べる」
http://www.book-seishindo.jp/kana

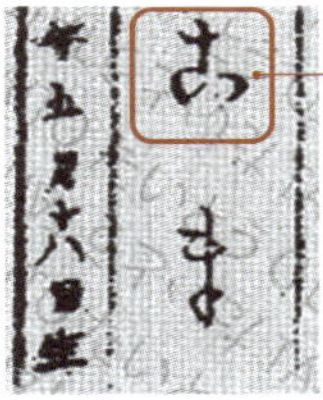

昔の「こ」の字。知らなければ、読解は不可能です。じつは、この字は「古」をくずしてつくられたひらがななのです。

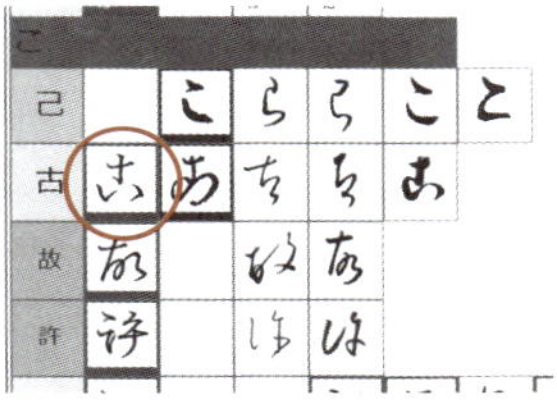

昔の「は」の字。一見すると「む」に見えます。古い戸籍のひらがなは、今のひらがなに似ていても、疑ってかかりましょう。

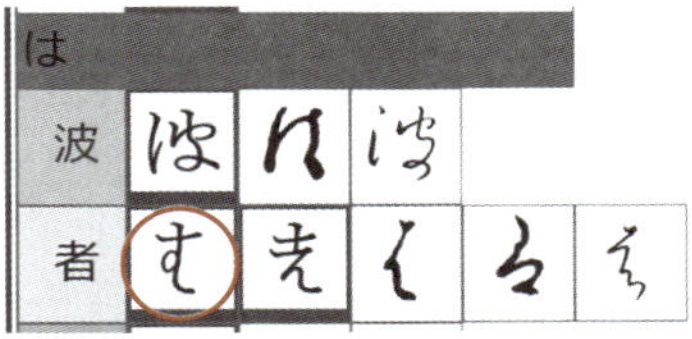

昔の「な」の字。漢字の「奈」や「ふ」に見えますが、「奈」をくずしてつくられたひらがななのです。

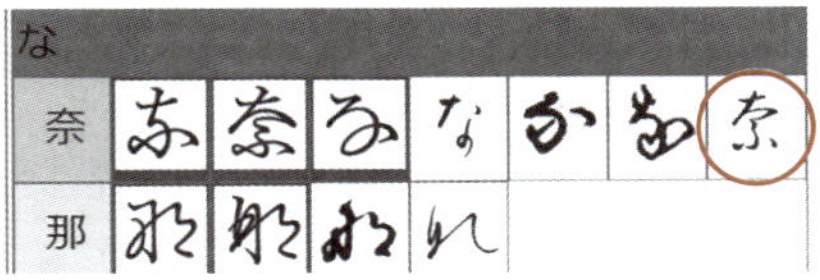

間違って「むふ」と読んでしまいそう！
家系図をつくるとき、間違った内容になってしまうので注意しましょう！

難解な文字の対処法

昔の戸籍は手書きのため、書いた人がクセ字の場合、お手上げとなることもあります。そんなときは、役所の人に聞きましょう。

明治25年4月12日神田区神田材木町7番地より移る

POINT 役所の人に聞く

役所の戸籍係の人は、いわばプロです。役所には原本があるため、コピーよりも文字が読みやすい面もあります。左の住所も、役所の人が読み解いてくれました。

1-7

昔の地名から今の地名を探り出そう

日本の市区町村は、明治以来、合併や地名変更が繰り返されていて、**昔の戸籍の本籍地には、今はない地名が載っていることも多くあります。**

例えば、私の曾祖父の本籍地は「浅草区福富町六番地」となっています。じつは、今の東京23区は、以前は15区や35区の時代がありました。浅草区は、これらの時代に存在していました。

古い地名はネット検索で調べるのが基本

こうした**古い地名が出てきたら、まずはネット検索をしてみましょう。**そうすれば「浅草区は今の台東区」「福富町は今の蔵前1丁目、鳥越2丁目」といった具合に、かなりの確率で今の地名をつかむことができます。

また、住所の表記について、今は「○丁目○番○号」というのが基本ですが、昔は「300番地」などでした。また「2丁目1番2号」などとあっても、現在は変わっていることもあり得ます。

この場合、**役所にある「住居表示新旧対照表」で確認します。**ネットで公開している自治体もあります。**非公開の場合は、役所に聞いてみましょう。**その地域の図書館で調べることも可能です。

東京都台東区の地名の変化

今の東京23区は、明治22年(1889)より15区となり、昭和7年(1932)には35区となりました。その後、昭和22年に現在の区数となっています。

浅草区

東京35区時代(昭和7年/1932〜)

東京市が周辺5郡82町村を新たに20区に編製して合併。大東京35区が成立します。「浅草区」は、15区時代から存在しています。

台東区

東京23区(昭和22年/1947〜)

戦後、35区がまず22区に再編され、同年8月、板橋区から練馬区が分離して、現在の23区となりました。浅草区と下谷区は合併し、「台東区」となりました。

福富町

明治期〜1934年

浅草区が成立した当時、区内には100を超える町が存在していました。その一つが福富町です。

蔵前1、鳥越2

関東大震災復興後

帝都復興計画の一環により、昭和9年、福富町は消滅し、西半部が鳥越二丁目に、東半部が蔵前一丁目となりました。

島根県の地名の変化

日本の地名は、あらゆる場所で時代とともに変わってきています。島根県にある温泉津町の変化を見ていきます。

温泉津村

1889〜1903年

町村制の施行によって、温泉津《ゆのつ》村が単独で自治体を形成しました。

温泉津町

1903〜2005年

温泉津村が単独で町制を施行して、温泉津町《まち》が成立。その後も合併を繰り返しました。

島根県大田市温泉津町

大田市

平成の大合併

大田市・仁摩町と合併し、大田市が発足。温泉津町は廃止となりました。

1-8

取得できる戸籍には、限界がある

私が曾祖父の戸籍謄本を取ると、その前の高祖父の存在が明らかになりました。しかし彼の戸籍は、**関東大震災で焼失し、取得できませんでした。**

戦争で、焼失してしまったケースもあります。

例えば、新潟県長岡市は、長岡空襲により、一部戸籍が無くなっています。**旧日本領土であった土地も戸籍は取りにくい**です。

また、戸籍には保存期間が設けられています。この期間を過ぎると取得は困難になります。法改正（平成22年）により、**現在、保存期間は150年までとなっており、2024年現在、1874年（明治7年）以前の戸籍は、廃棄**していいことになっています。

毎日、戸籍は捨てられている

150年を待たずに廃棄されているケースもあります。法改正以前は、左ページで紹介したような保存期間だったため、法改正前に保存期間を過ぎた戸籍は、廃棄されてしまっているケースも多いのです。ただし、役所によっては、保存期間を過ぎても、廃棄してないこともあるので、あきらめずに確認することが大切です。

古い戸籍が取れない４つの理由

現在、一番古い戸籍は「明治19年式戸籍」ですが、必ず取れるわけではありません。おもな理由は4つあります。

❶ 震災・戦災などによる紛失

都市圏の場合は、関東大震災や東京大空襲、地方であれば、長岡大空襲などにより、戸籍が焼失しているケースは少なくありません。

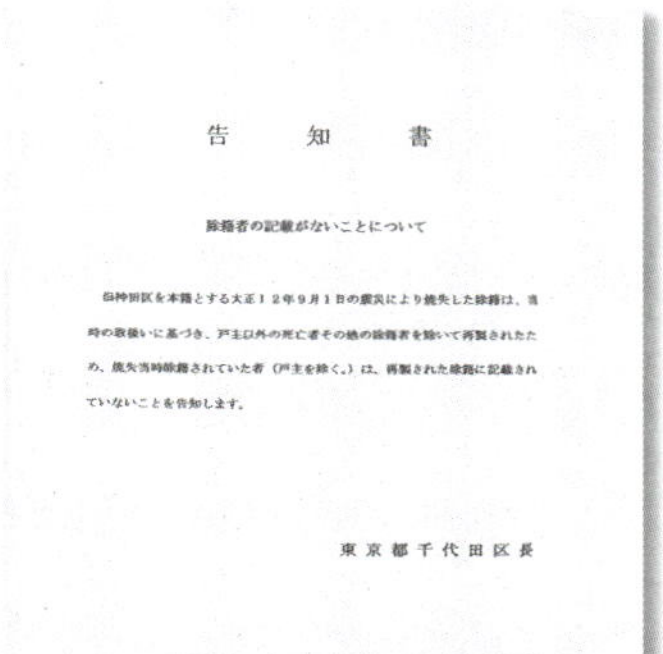
告　知　書

除籍者の記載がないことについて

旧神田区を本籍とする大正１２年９月１日の震災により焼失した除籍は、当時の取扱いに基づき、戸主以外の死亡者その他の除籍者を除いて再製されたため、焼失当時除籍されていた者（戸主を除く。）は、再製された除籍に記載されていないことを告知します。

東京都千代田区長

関東大震災で戸籍謄本が焼失したことが記載されている「告知書」

❷ 日本の旧支配地域の戸籍

旧樺太の戸籍はほぼ消失しています。北方領土の戸籍は一部、釧路地方法務局根室支局で保管されています。満州の戸籍は日本の本籍地で普通に戸籍が取得できます。

❸ 150年以上経った戸籍

平成22年6月1日の法改正により、戸籍の保存期間は150年になりました。明治期の戸籍は1日ごとに廃棄されているのです。

❹ 150年未満でも取れないケースもある

下の表のとおり、法改正以前は、戸籍の保存期間は、かなり短めです。法改正前に保存期間を過ぎた戸籍は、廃棄されてしまっているケースもあります。

戸籍の様式	保存期間
明治19年式戸籍と明治31年式戸籍（明治31年式戸籍から昭和23年式戸籍に改製したものは除く）で原戸籍となった戸籍	80年
大正4年式戸籍で原戸籍になった戸籍	50年
昭和23年式戸籍で原戸籍になった戸籍（戸籍をコンピュータ化した戸籍）	100年

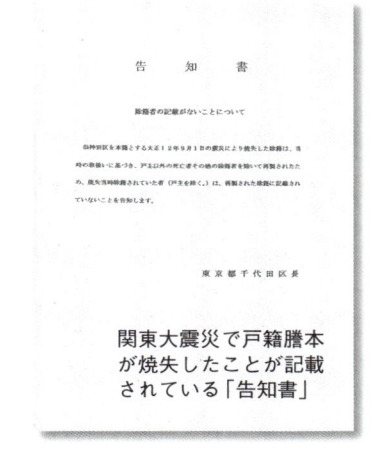

1 - 9

習うより慣れろ！ 今すぐ始めよう！

前項（26ページ）で触れたように、戸籍には保存期間があり、今日も、日本中の役所で、明治期の戸籍が廃棄されています。現在取得できる「明治19年式戸籍」には、江戸時代末期~明治初期の先祖の名前が記されています。それだけに、**戸籍集めは、今すぐスタートすべきなのです。**

家系のルーツを追う方法は、戸籍の取得だけではありません。3章以降で触れますが、親や親族に話を聞いたり、手紙を出すケースもあります。面識のない同じ苗字の人にアンケートを取ったり、お寺に話を聞く機会もあるかもしれません。この場合、**問題となるのが「高齢化」です。**早く行動**するのに、越したことはないのです。**

親や親族に話を聞けるのは今だけ

私は、家系のルーツを追う過程で、大きな後悔があります。「両親に先祖のことを、もっと聞いておくべきだった」という後悔です。私の両親は、この10年間で他界しています。元気なうちに聞いておけば、どれだけ有効な情報を得られたことか……。親族も、どんどん亡くなっています。

もう一つ、今すぐスタートすべき理由は、昨今

ルーツ探しを今すぐ始めるべき理由

家系のルーツ探しを「いつかやろう」と思っていると、いざ始めるときに、情報が得られない事態になっている可能性もあります。その理由はおもに3つです。

❶ 戸籍の保管期限

現在、戸籍の保存期間は150年。1870年前後の戸籍は、年々取れなくなっていきます。

❷ 親や親族の高齢化

親や親族は、あなたよりも先祖のことを詳しく知っています。しかし彼らは、どんどん老いていきます。

❸ 個人情報の厳格化

ひと昔前までは、容易に取得できた第三者の情報は、年々得ることが難しくなってきています。それだけに、今できることは今すべきです。

戸籍謄本
明治や大正期の戸籍謄本には、戸主を中心とした家族全員の情報が載っています。今後、閲覧するのに制限がかかる可能性もあります。

図書館の資料
国会図書館デジタルコレクション（84ページ参照）は、個人情報が多く載った資料も多く閲覧できます。しかし今後、制限がかかる可能性もあります。

神社仏閣からの情報
お墓のある菩提寺には、先祖の過去帳があります。その閲覧が、昨今、かなり厳しくなってきています。

の個人情報の厳格化という状況です。現在、第三者の情報は、もはや得られない状況といって過言ではありません。一方で、戸籍謄本は、直系尊属であれば取ることができます。そこには「曾祖父の三女」などの情報も載っており、誰と結婚したのかといった個人情報を知ることができます。

個人情報の厳格化もハードルになる

個人情報の厳格化が進む今、いつまで戸籍謄本が取れるのかは、正直分かりません。今後、どこかのタイミングで「相続時のみ」などとルール化される可能性は十分あります。

次章からは、具体的に家系のルーツ探しが始まります。「いつかやろう」ではなく「すぐに始める」というスタンスで進んでいきましょう！

コラム

知っておきたい「親族」についての言葉の意味

本書では、何度も「親族」という言葉が出てきます。**親族とは、6親等以内の血族、および3親等以内の姻族、そして配偶者です。**

この親族は「尊属《そんぞく》」と「卑属《ひぞく》」に分けられます。自分より上の世代が尊属、下の世代が卑属になります。

自分より実際の年齢が下であっても、上の世代であれば、尊属となります。また、下の世代であれば、実際の年齢が上でも卑属となります。

家系を追うのは「直系」が基本

「直系」と「傍系」という分類もあります。直系とは、父母、祖父母、曾祖父母、子、孫など「親子関係で続いている系統」のことです。

一方、傍系とは、自分の兄弟の血族のことです。例えば、兄弟や叔父、叔母、兄弟の子どもである甥や姪、その子どもたちなどです。

なお、配偶者は「直系」でも「傍系」でもありません。そうした区分はなく、あくまでも「配偶者」という存在なのです。

家系のルーツを追ううえでは、基本的には、「直系」について調べていくことになります。なお、傍系については、戸籍を取ることはできません。

第2章

現在、取得できるすべての戸籍を集める

2-1

まずは、自分の戸籍謄本を取得する

それでは、現在から江戸末期までの先祖の存在を探るため、戸籍収集をスタートさせましょう。本書では、私の父方のルーツをたどっていきます。

まずすべきことは、あなた自身の戸籍謄本を取得することです。本籍地のある役所か、マイナンバーカードがあればコンビニで取得できます。戸籍を請求する際には、戸籍の本籍地と筆頭者名（18ページ参照）を記入する必要があります。

これらが分からない場合は、住民登録をしている役所で「住民票の写し」を手に入れましょう。本籍地はそこに書かれています。運転免許証があれば、そこに記載されている場合もあります。

なお、結婚歴がない場合は、戸籍の本籍と筆頭者名は、両親のどちらかになります。

戸籍事項と身分事項をチェックする

35ページにあるのは、**筆者である「永峰英太郎」の現在の戸籍謄本**（平成6年式）です。本籍地は「中野区大和町」になります。

この戸籍から「1代前の先祖の名前と本籍地」と「この戸籍の一つ前の戸籍の有無」を読み取っていきます。

本籍地は「住民票の写し」で確認する

本籍地は、今の住所というわけではありません。じつは、本籍地を知らない人は少なくありません。その場合は、自分の住民票の写しを取得しましょう。

住民票の写しを請求する際は「本籍と筆頭者を表示する」と指定しましょう！

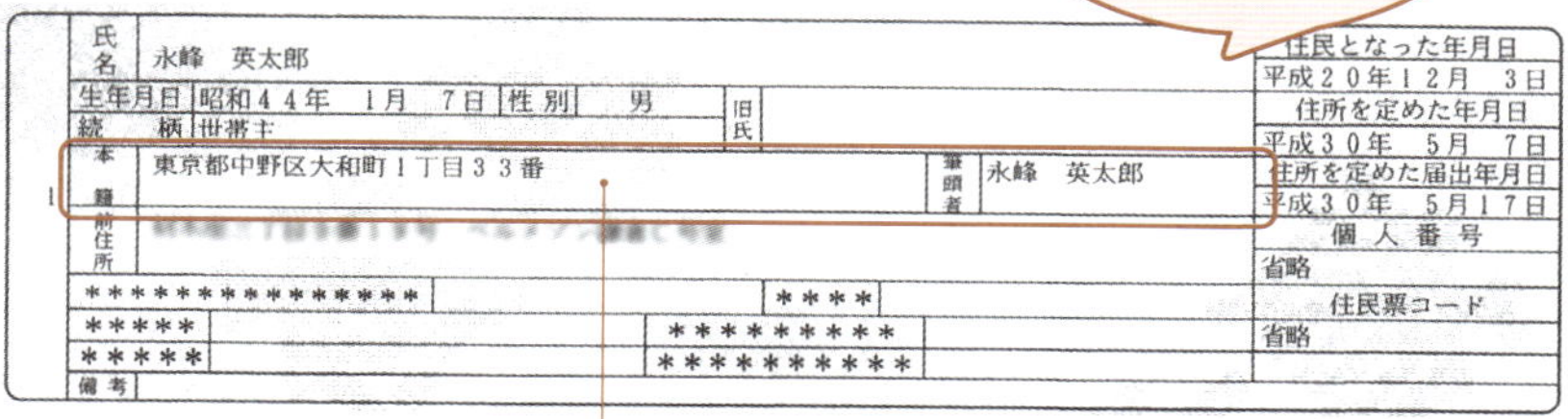

氏名	永峰 英太郎
生年月日	昭和44年 1月 7日
性別	男
旧氏	
続柄	世帯主
本籍	東京都中野区大和町1丁目33番
筆頭者	永峰 英太郎
前住所	
住民となった年月日	平成20年12月 3日
住所を定めた年月日	平成30年 5月 7日
住所を定めた届出年月日	平成30年 5月17日
個人番号	省略
住民票コード	省略
備考	

**************　****

*****　*********

*****　*********

住民票の写しには「本籍地」「筆頭者」が記載されています。この情報をつかめば、戸籍を取得することができます。

おもなチェック箇所は2つ。まずは「戸籍事項欄」です。その戸籍が「いつ、なぜつくられたか」が記載されています。「戸籍編製」（戸籍簿を新たに作成すること）とあります。

私たちの世代の場合は「結婚し、親の戸籍から抜けた」ことが「戸籍編製」のおもな要因となります。大正・明治期は「分家」によるケースもあります。

続いてチェックするのは「本人の身分事項欄」です。「従前《じゅうぜん》戸籍」とあります。この戸籍の前に入っていた戸籍のことです。従前戸籍には、「本籍地と筆頭者」が書かれています。私の父の名「康雄」が記載されています。「婚姻前は父親の戸籍にいた」ことになります。

これで「康雄↑英太郎」と、1代前までさかの

戸籍のチェック箇所

「1代前の先祖の名前と本籍地」と「この戸籍の一つ前の戸籍の有無」を確認するには、次の2か所を読み取ることがポイントになります。

POINT 1
戸籍事項欄

現行の戸籍謄本では、本籍欄の下に書かれている部分のこと。この戸籍が、いつ、どんな理由でつくられ、あるいは、変更や消除、改製されたのかが書かれています。

POINT 2
本人の身分事項欄

「従前戸籍」に注目します。現在の戸籍の前に入っていた戸籍があり、その本籍地や筆頭者名が載っています。1世代前の戸籍を取る重要な手掛かりとなります。

ぼれました。そして、この「本籍地と筆頭者」の戸籍を取るのが、次のステップになります。

ところで、前述した「戸籍事項欄」には、「戸籍編製」のほか、「戸籍改製」「転籍」「戸籍消除」といった記載があることもあります。

例えば「戸籍改製」とあれば、戸籍の改製が行われたということで、改製前の「改製原戸籍」が存在することを示唆しています。

10ページで触れたように、改正後の戸籍には、改正時点で、すでに除籍になっていた人など、不要な情報は転記されません。その情報を得るためにも、取得する必要があります。

また、「戸籍事項欄」に「転籍」とあれば、本籍地を移しているということです。転籍前の本籍地が記載されているので、その戸籍を取得します。

現時点での自分の戸籍謄本

戸籍のルーツを追ううえで、出発点となるのが、現時点での自分の戸籍です。筆者の本籍地は「東京都中野区」ですので、中野区役所で取りました。マイナンバーカードがあれば、コンビニでも取ることができます。

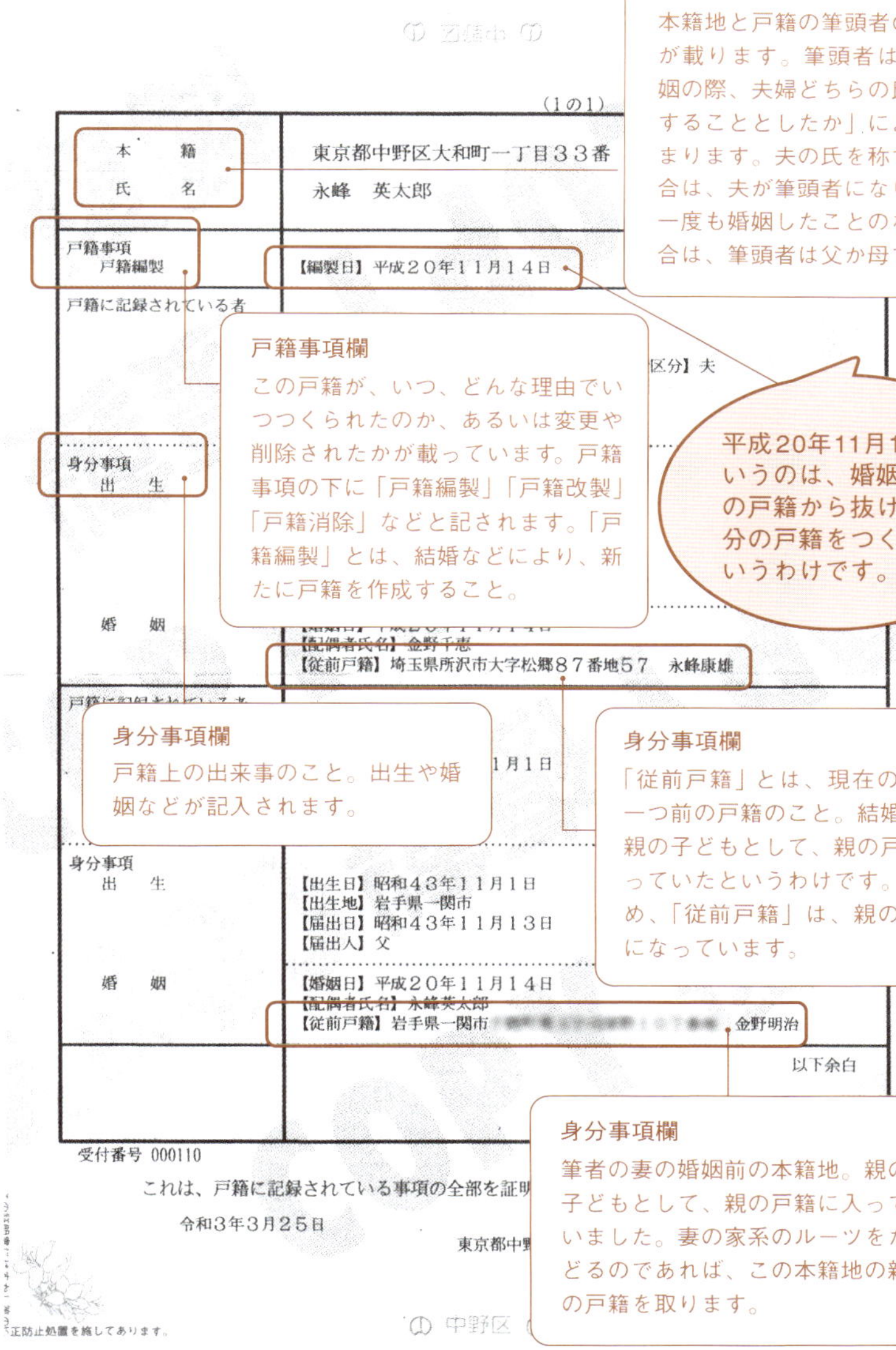
（１の１）

本　籍 氏　名	東京都中野区大和町一丁目３３番 永峰　英太郎
戸籍事項 戸籍編製	【編製日】平成２０年１１月１４日
戸籍に記録されている者	……区分】夫
身分事項 出　生	
婚　姻	【配偶者氏名】金野千恵 【従前戸籍】埼玉県所沢市大字松郷８７番地５７　永峰康雄
戸籍に記録されている者	……１月１日
身分事項 出　生	【出生日】昭和４３年１１月１日 【出生地】岩手県一関市 【届出日】昭和４３年１１月１３日 【届出人】父
婚　姻	【婚姻日】平成２０年１１月１４日 【配偶者氏名】永峰英太郎 【従前戸籍】岩手県一関市[redacted]　金野明治
	以下余白

受付番号 000110

これは、戸籍に記録されている事項の全部を証明……

令和３年３月２５日

東京都中野……

正防止処置を施してあります。

本籍・氏名
本籍地と戸籍の筆頭者の名前が載ります。筆頭者は、「婚姻の際、夫婦どちらの氏を称することとしたか」により決まります。夫の氏を称する場合は、夫が筆頭者になります。一度も婚姻したことのない場合は、筆頭者は父か母です。

戸籍事項欄
この戸籍が、いつ、どんな理由でいつつくられたのか、あるいは変更や削除されたかが載っています。戸籍事項の下に「戸籍編製」「戸籍改製」「戸籍消除」などと記されます。「戸籍編製」とは、結婚などにより、新たに戸籍を作成すること。

平成20年11月14日というのは、婚姻日。親の戸籍から抜けて、自分の戸籍をつくったというわけです。

身分事項欄
戸籍上の出来事のこと。出生や婚姻などが記入されます。

身分事項欄
「従前戸籍」とは、現在の戸籍の一つ前の戸籍のこと。結婚前は、親の子どもとして、親の戸籍に入っていたというわけです。そのため、「従前戸籍」は、親の本籍地になっています。

身分事項欄
筆者の妻の婚姻前の本籍地。親の子どもとして、親の戸籍に入っていました。妻の家系のルーツをたどるのであれば、この本籍地の親の戸籍を取ります。

2-2

次に親の戸籍を取って、いろいろ読み取ろう

左ページは、1代前の筆者の父・永峰康雄の戸籍です。この戸籍は「除籍」となっています。つまり、家族全員の除籍により生存している人がいなくなった戸籍のことです。

前項同様に、まずは「戸籍事項欄」を見てみましょう。「戸籍改製」「改製事由」と記載されています。文面を読むと、「平成の改製」のためとあります。つまり、「改製原戸籍」が存在するわけです(38ページ参照)。この戸籍には記載されていない情報があるかもしれないので、取得します。

続いて、**「身分事項欄」を見ます。「従前戸籍」として「東京都台東区浅草橋〜」とあります。**そして、**康雄の父・孝雄の名前があります。**

これで「孝雄←康雄←英太郎」と、2代前までさかのぼれました。

自分の知らなかった情報が満載の親の戸籍

私は、この戸籍で初めて、父の結婚前の本籍地が、浅草橋であることを知りました。また、この戸籍には、父や母の亡くなった日が記載されています。その届け出をしたのは、私です。このように、戸籍には物語がたくさん詰まっているのです。

筆者の父・康雄の戸籍（除籍謄本）

筆者にとって１代前の父親の戸籍です。父と母は死去するなど、生存者がいないため、除籍謄本となります。

「改製日」「改製事由」から、この戸籍の前の「改製原戸籍」が存在し、戸籍のルーツを追うには、それも取得する必要があります。

除　　籍	
本　　籍	埼玉県所沢市大字松郷８７
氏　　名	永峰　康雄
戸籍事項 戸籍改製	【改製日】平成１６年１１月２７日 【改製事由】平成６年法務省令第５１号附則第２条第１項による改製
戸籍消除	【消除日】平成３１年４月１日
戸籍に記録されている者	【名】康雄 年２

戸籍事項欄
戸籍消除とあります。筆者の父（康雄）が亡くなり、この戸籍には生存者がいなくなり、消除となったわけです。

戸籍事項欄
戸籍改製とあります。平成の改製により、戸籍が新たにつくられたためです。「改製原戸籍」が存在するわけです。

身分事項欄
従前戸籍（この戸籍に入っていた戸籍）として「台東区浅草橋」と記載されています。

	【配偶者氏名】内田勝子 【送付を受けた日】昭和４０年７月１６日 【受理者】千葉県市川市長 【従前戸籍】東京都台東区浅草橋三丁目１０番地５　永峰孝雄
配偶者の死亡	【配偶者の死亡日】平成２６年２月２日
死　　亡	【死亡日】平成３１年３月２６日 【死亡時分】午後５時４９分 【死亡地】東京都杉並区 【届出日】平成３１年４月１日 【届出人】親族　永峰英太郎
戸籍に記録されている者 除　　籍	【名】勝子 【生年月日】昭和１３年１月１日 【父】内田房吉 【母】内田ハルヨ 【続柄】三女

康雄の父親・永峰孝雄が現れました。これで２代前までさかのぼれました。

身分事項欄
康雄の妻・勝子は、死去しているため「除籍」と記されています。

身分事項欄
康雄の亡くなった日、届出人などが載っています。筆者が届け出をしました。

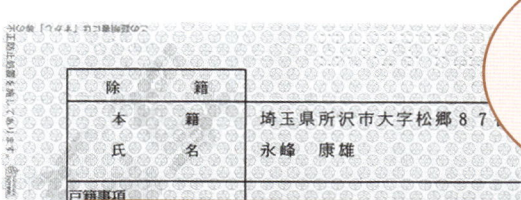

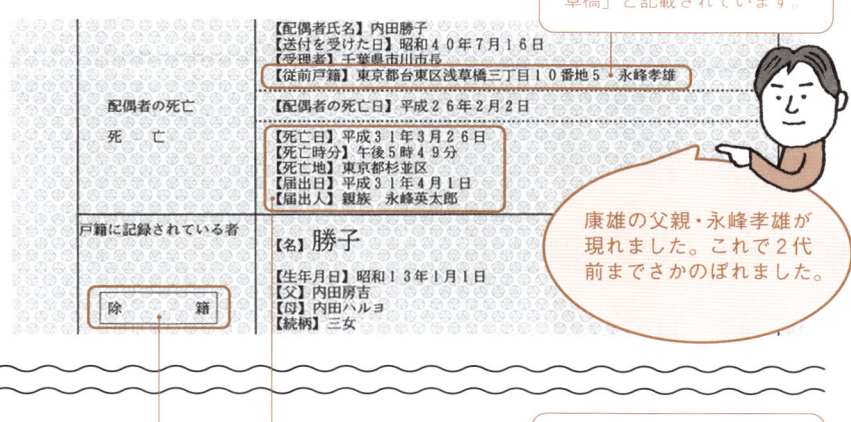

2-3

親の「改製原戸籍」を取る

37ページに載せた戸籍の一つ前の康雄の戸籍です。**「平成の改製」により、新しい戸籍がつくられ、その結果、改製原戸籍になったものです。**

改正後の戸籍には記載されていない、筆者の姉「真樹子」の名前があります。改正後の戸籍がつくられる時点で、すでに姉は結婚し、転籍していたため、消除されていたのです。姉の戸籍事項には「配偶者の名前」「転籍先の本籍」「婚姻届日」などの情報も記載されています。

改製原戸籍を取得すべき理由は、「新しい戸籍には載っていない情報」を得るためです。

特に、祖父や曾祖父の戸籍を通じて、兄弟姉妹の詳細を追ううえでは、改製原戸籍は必須アイテムとなります。

改製原戸籍の戸籍事項欄もチェック

また、**改製原戸籍を取得したら、「戸籍事項欄」も確認します。改製原戸籍の一つ前の戸籍の有無が確認できます。**「東京都台東区から転籍届」とあります。康雄は結婚後も、しばらくは父親の本籍地を自分の本籍地にしていたことが分かります（本書では未掲載）。

筆者の父・康雄の戸籍(改製原戸籍)

37ページの戸籍謄本がつくられる前の戸籍 —— 改製原戸籍です。新しい戸籍には記載されていない情報が得られることも多くあります。

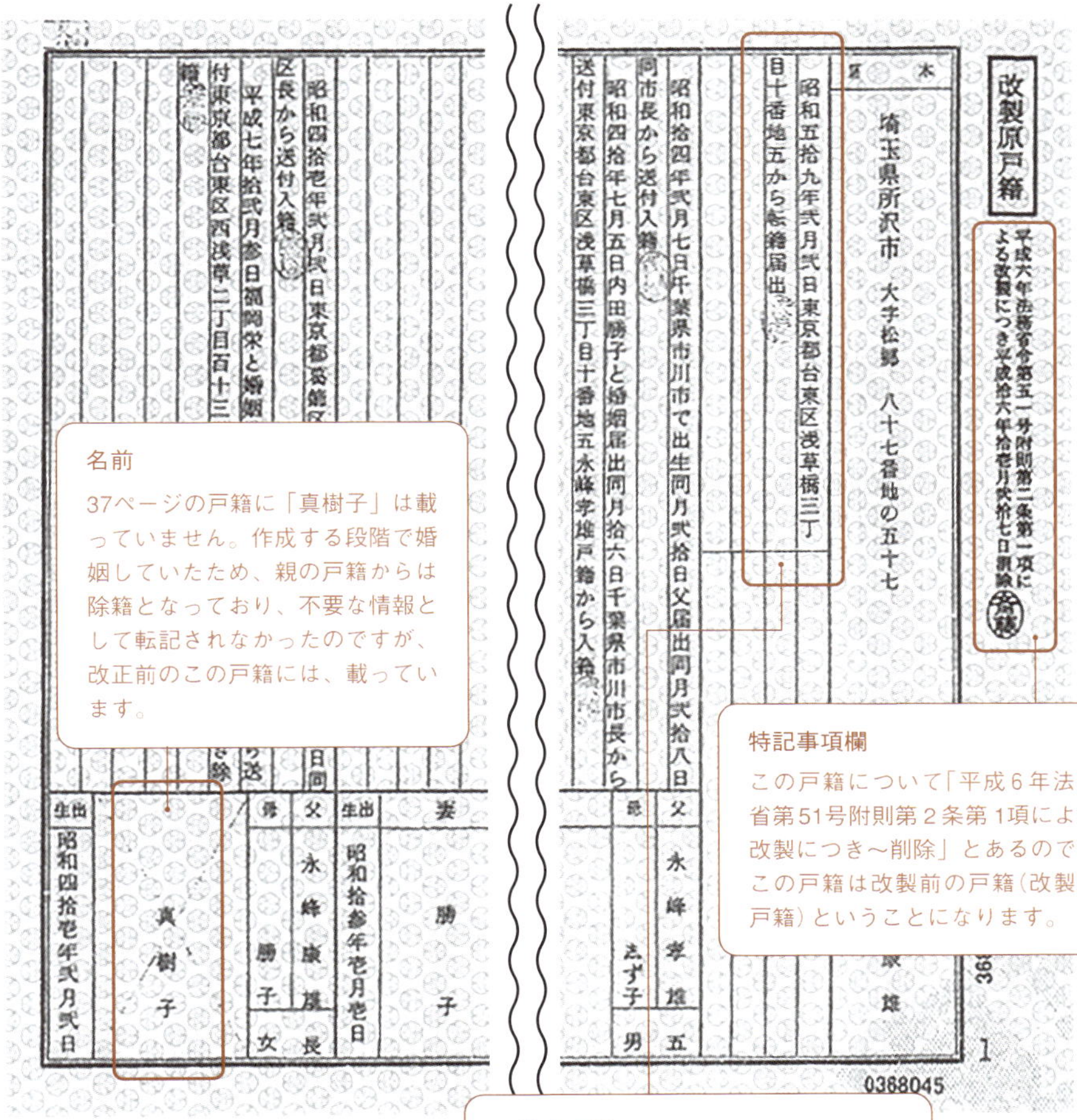
改製原戸籍
平成六年法務省令第五一号附則第二条第一項による改製につき平成拾六年拾壱月弐拾七日削除
本籍 埼玉県所沢市 大字松郷 八十七番地の五十七
昭和五拾九年弐月弐日東京都台東区浅草橋三丁目十番地五から転籍届出
昭和拾四年弐月七日千葉県市川市で出生同月弐拾日父届出同月弐拾八日
同市長から送付入籍
昭和四拾年七月五日内田勝子と婚姻届出同月拾六日千葉県市川市長から
送付東京都台東区浅草橋三丁目十番地五永峰孝雄戸籍から入籍
父 永峰孝雄 母 えず子 五男
昭和四拾壱年弐月弐日東京都台東区
区長から送付入籍
平成七年拾弐月参日福岡栄と婚姻
付東京都台東区西浅草二丁目百十三
父 永峰康雄 母 勝子 長女
生出 昭和四拾壱年弐月弐日
真樹子
妻 勝子
生出 昭和拾参年壱月壱日
0368045

名前

37ページの戸籍に「真樹子」は載っていません。作成する段階で婚姻していたため、親の戸籍からは除籍となっており、不要な情報として転記されなかったのですが、改正前のこの戸籍には、載っています。

特記事項欄

この戸籍について「平成6年法務省第51号附則第2条第1項による改製につき~削除」とあるので、この戸籍は改製前の戸籍(改製原戸籍)ということになります。

戸籍事項欄

昭和59年2月2日に本籍を東京都台東区浅草橋から埼玉県所沢市に移したため、この戸籍が新しくつくられました。台東区に父・康雄の戸籍が存在するというわけです(本書では紹介していません)。

2-4

祖父の戸籍（除籍謄本）を読み取る

康雄の戸籍にあった筆者の祖父・孝雄の情報をもとに取得したのが、この戸籍です。**孝雄の父・清次郎の名前があります。これで、「清次郎←孝雄←康雄←英太郎」と、3代前までさかのぼれました。**

孫の立場からすると、幼少期、可愛がってくれた祖父母の戸籍は、見どころ満載です。孝雄の両親の名前はもちろん、祖母・志ず子の旧姓が「牧野」であることや、彼女の婚姻前の本籍地が「江戸川区平井」であることなど、初めて知る情報ばかりで、興味は尽きません。

祖父の代は、大正や明治式の戸籍がある

ところで、自分自身や親の戸籍は、ほぼ「平成6年式」「昭和23年式」のみですが、**祖父以前になると「大正4年式」「明治31年式」が登場してきます。**

この祖父の戸籍は「昭和23年式」ですが、大正4年式があることを示す記載があります。「戸籍事項欄」にある「昭和32年法務省令第27号により（中省略）昭和36年1月24日本戸籍編製」という文言です。こう書かれていた場合は「大正4年式」があるということです。42ページで見ていきます。

筆者の祖父・孝雄の戸籍(除籍謄本)

父・康雄の戸籍からたどった、祖父の戸籍です。昭和23年式の戸籍となります。手書きの箇所など、読みにくい部分も出てきます。

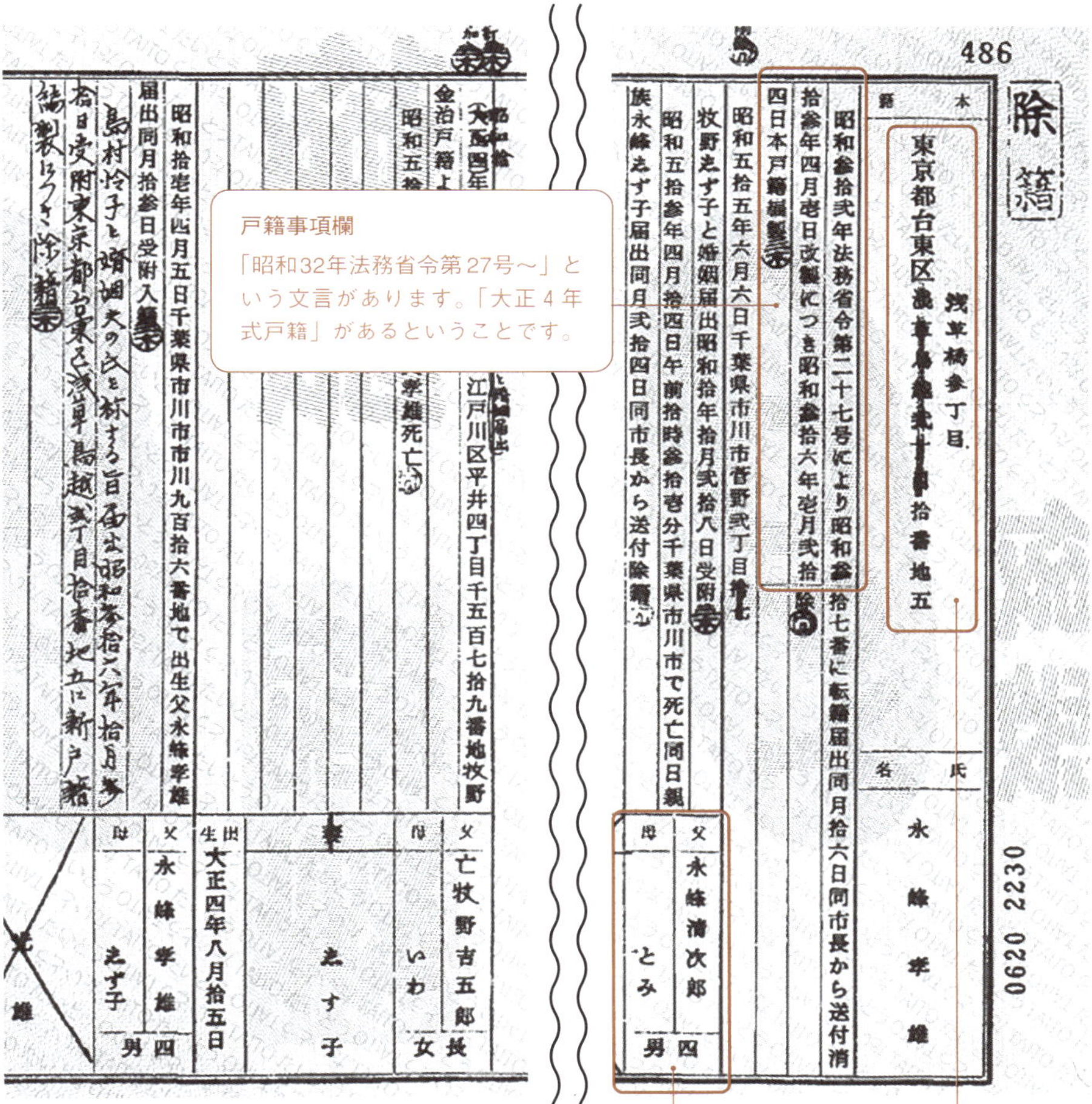

486

除籍

本籍 東京都台東区浅草鳥越弐丁目拾番地五 浅草橋参丁目

氏名 永峰孝雄

0620 2230

昭和参拾弐年法務省令第二十七号により昭和参拾七番に転籍届出同月拾六日同市長から送付消
拾参年四月壱日改製につき昭和参拾六年壱月弐拾
四日本戸籍編製㊞
昭和五拾五年六月六日千葉県市川市菅野弐丁目拾七
牧野ちず子と婚姻届出昭和拾年拾月弐拾八日受附㊞
昭和五拾参年四月拾四日午前拾時参拾壱分千葉県市川市で死亡同日親
族永峰ちず子届出同月弐拾四日同市長から送付除籍㊞

父 永峰清次郎 母 とみ 四男

江戸川区平井四丁目千五百七拾九番地牧野
金治戸籍より入籍㊞
昭和五拾 孝雄死亡㊞

父 亡牧野吉五郎 母 いわ 長女
妻 ちず子

昭和拾壱年四月五日千葉県市川市市川九百拾六番地で出生父永峰孝雄
届出同月拾参日受附入籍㊞
島村玲子と婚姻夫の氏を称する旨届出昭和参拾六年拾月参
拾日受附東京都台東区浅草鳥越弐丁目拾番地五に新戸籍
編製につき除籍㊞

出生 大正四年八月拾五日
父 永峰孝雄 母 ちず子 四男

戸籍事項欄

「昭和32年法務省令第27号〜」という文言があります。「大正4年式戸籍」があるということです。

父母欄

永峰孝雄の父母の名前が記載されています。筆者の曾祖父母です。

本籍欄

「身分事項」欄には、地名変更、転籍の記載はありませんが、番地の変更がないことから、「浅草鳥越」から「浅草橋」に地名が変わったと推察できます。

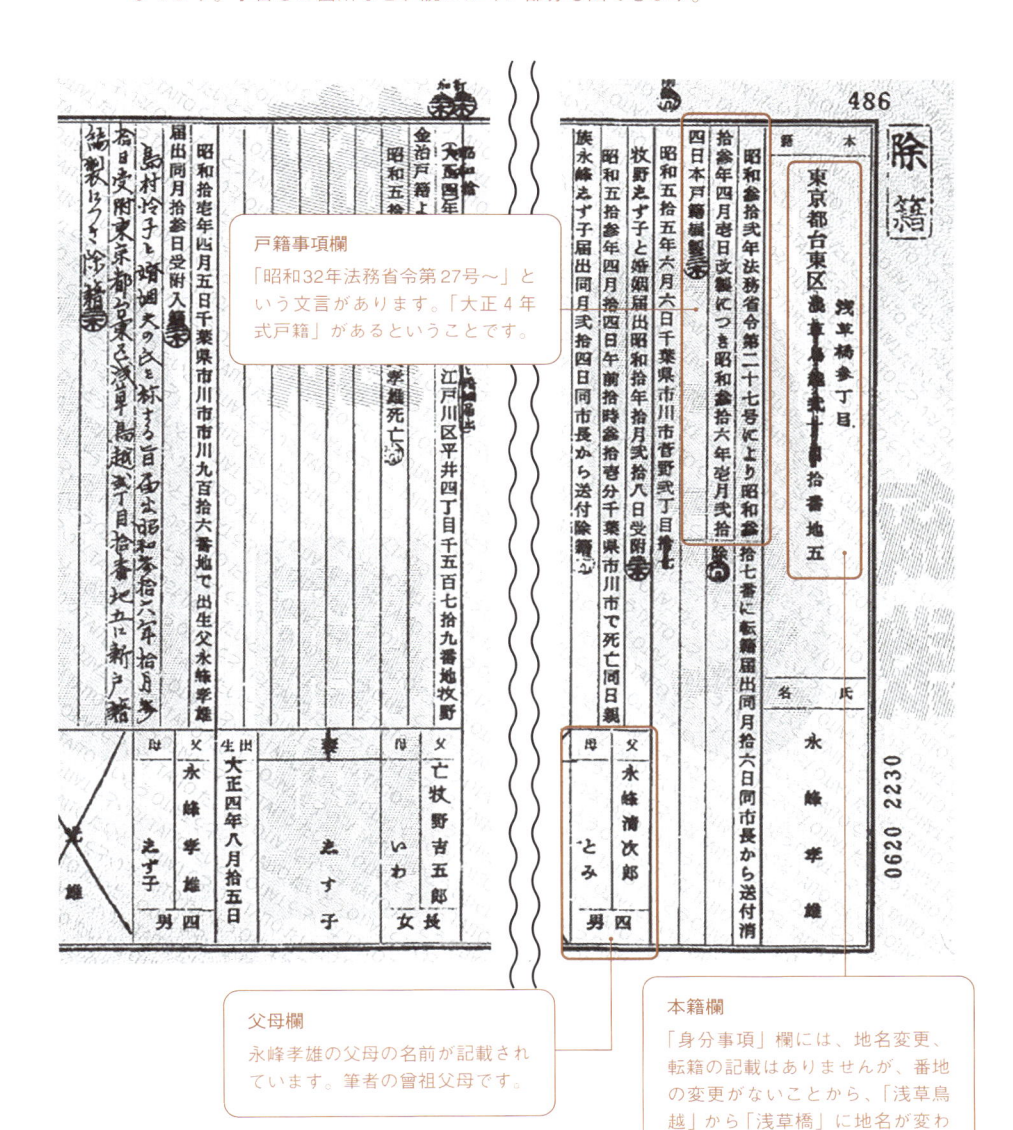

2-5

祖父の大正4年式戸籍（改製原戸籍）を読み取る

孝雄の「戸籍事項欄」の1行目に「分家」とあります。結婚を機に、清次郎から分家してできた戸籍です。本籍地が3度変更になっています。「戸籍事項欄」に町名の変更があったと記載されています。「浅草区福富町」→「浅草区鳥越」→「台東区浅草鳥越」という変遷です。

38ページで触れたとおり、改正後の戸籍には、改正時点で、すでに除籍になっていた人など、不要な情報は転記されないため、古い戸籍は得られる情報が多くあります。

祖父のケースでいえば、先妻を亡くしており、その存在は、41ページの戸籍には記載されておりません。ですので、この戸籍を取ることで、家族全員の名前が明らかになっています。

大正と明治の戸籍は、多くの家族の名前が掲載

また、**基本単位が「夫婦とその間の子」**だった**「昭和23年式」**と違い、**大正や明治時代の戸籍は「戸主の直系・傍系の親族を一つの家族」でした。そのため多くの人物が記載されている**ものですが、この戸籍は、何らかの事情で、孫などの名前は記されていません。

筆者の祖父・孝雄の大正４年式戸籍

「昭和23年式の戸籍」の前の戸籍です。大正期の戸籍は、手書きも多く、読み取ることが困難なケースも出てきます。

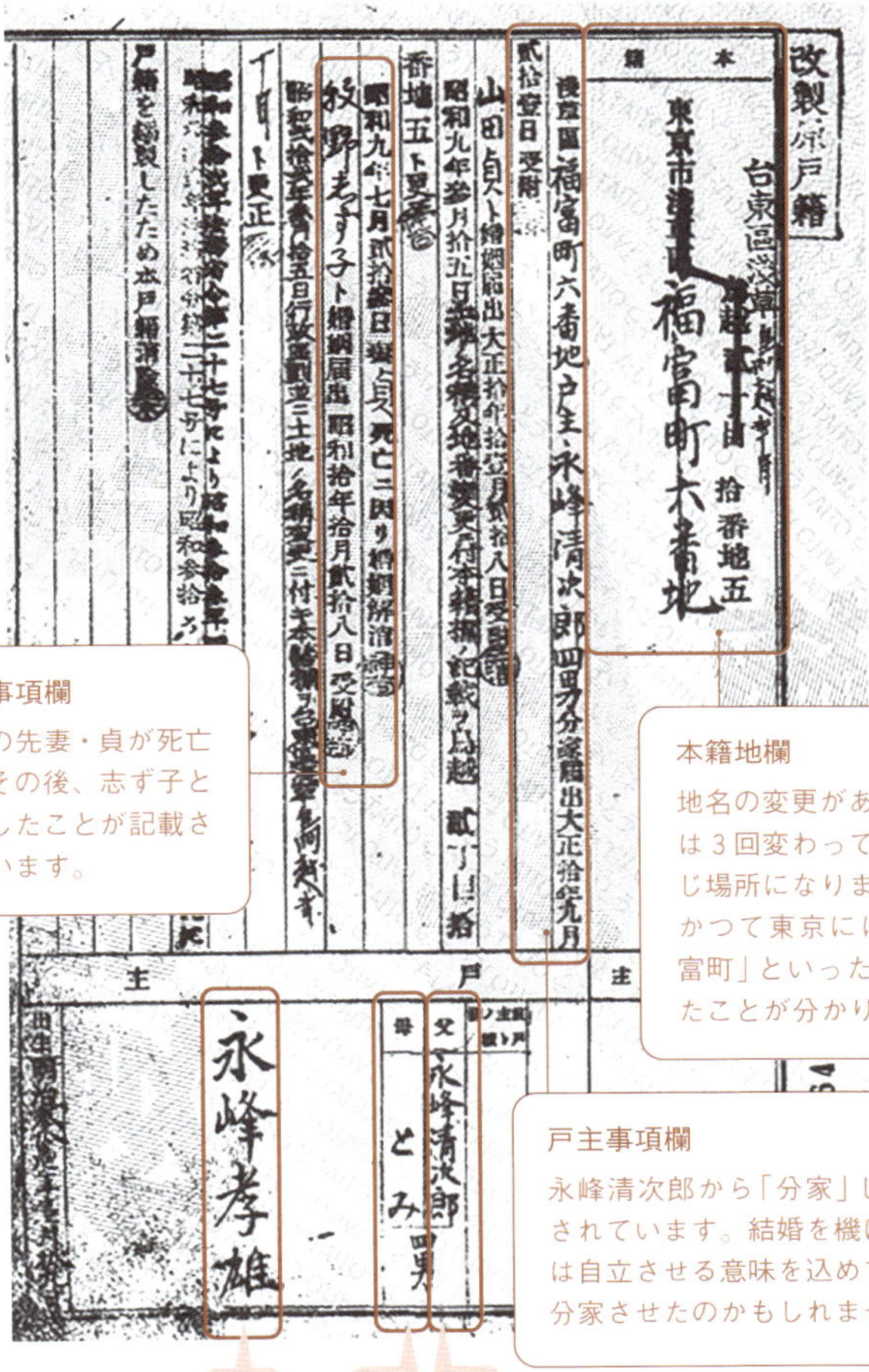

孝雄（戸主）

とみ

清次郎

戸主事項欄

孝雄の先妻・貞が死亡し、その後、志ず子と再婚したことが記載されています。

本籍地欄

地名の変更があったため、本籍地は３回変わっています。どれも同じ場所になります。戸籍を通じて、かつて東京には「浅草区」や「福富町」といった区名・地名があったことが分かります。

戸主事項欄

永峰清次郎から「分家」したと記載されています。結婚を機に、清次郎は自立させる意味を込めて、孝雄を分家させたのかもしれません。

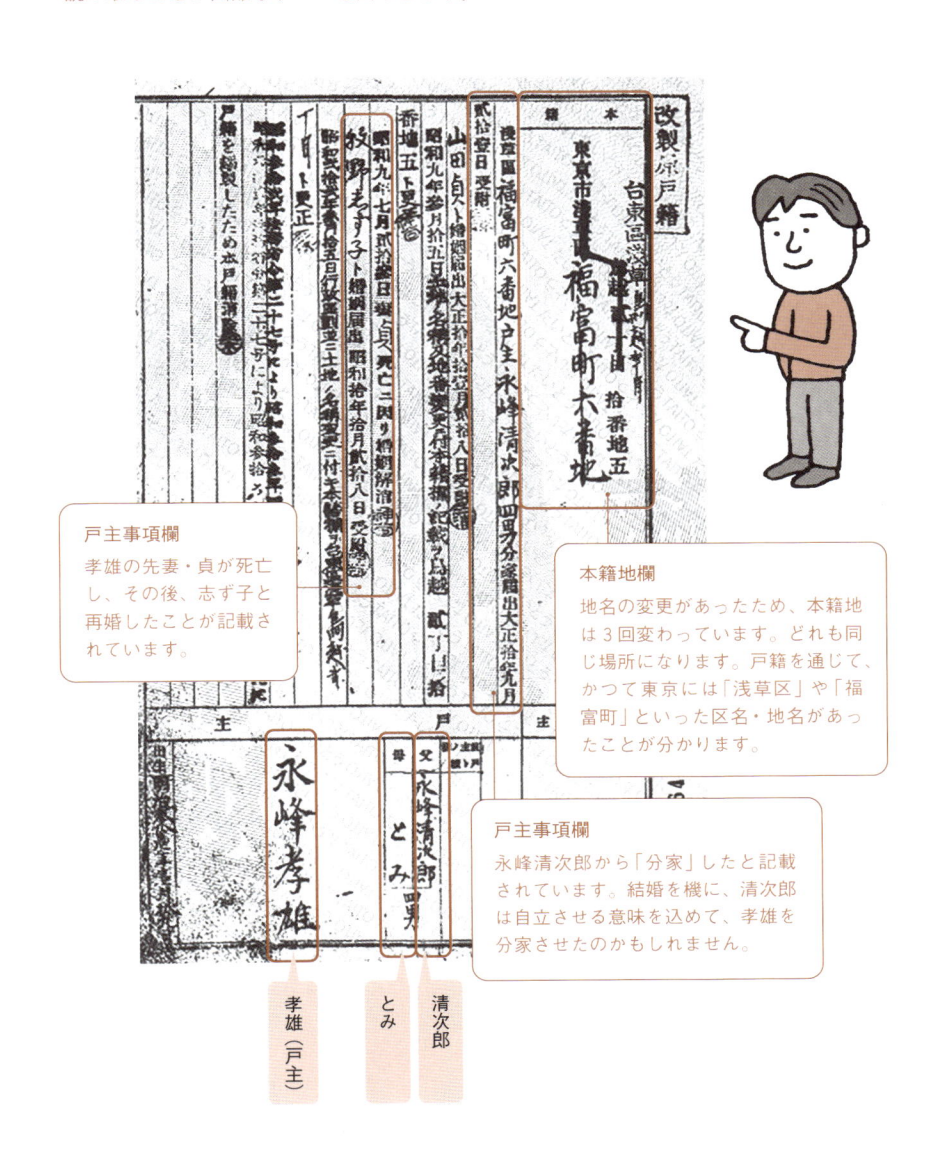

孝雄の先妻は日本橋区箱崎町（現在の中央区日本橋箱崎町）出身で、33歳の若さで死去。

大正11年生まれ。昭和23年、26歳の時に、神谷幸子と婚姻。

出生は「千葉県東葛飾郡市川町」。利郎以降、このエリアで子どもは生まれています。孝雄が引っ越しをしたためでしょう。

役所によっては「旧住所→新住所」の早見表をサイト上に公開しています。世田谷区も、その一つです。

昭和29年に中村隆二と婚姻。夫の氏を称するとあります。新戸籍は「世田谷区北沢2丁目50番地」と記載。現在の世田谷区代沢1丁目。

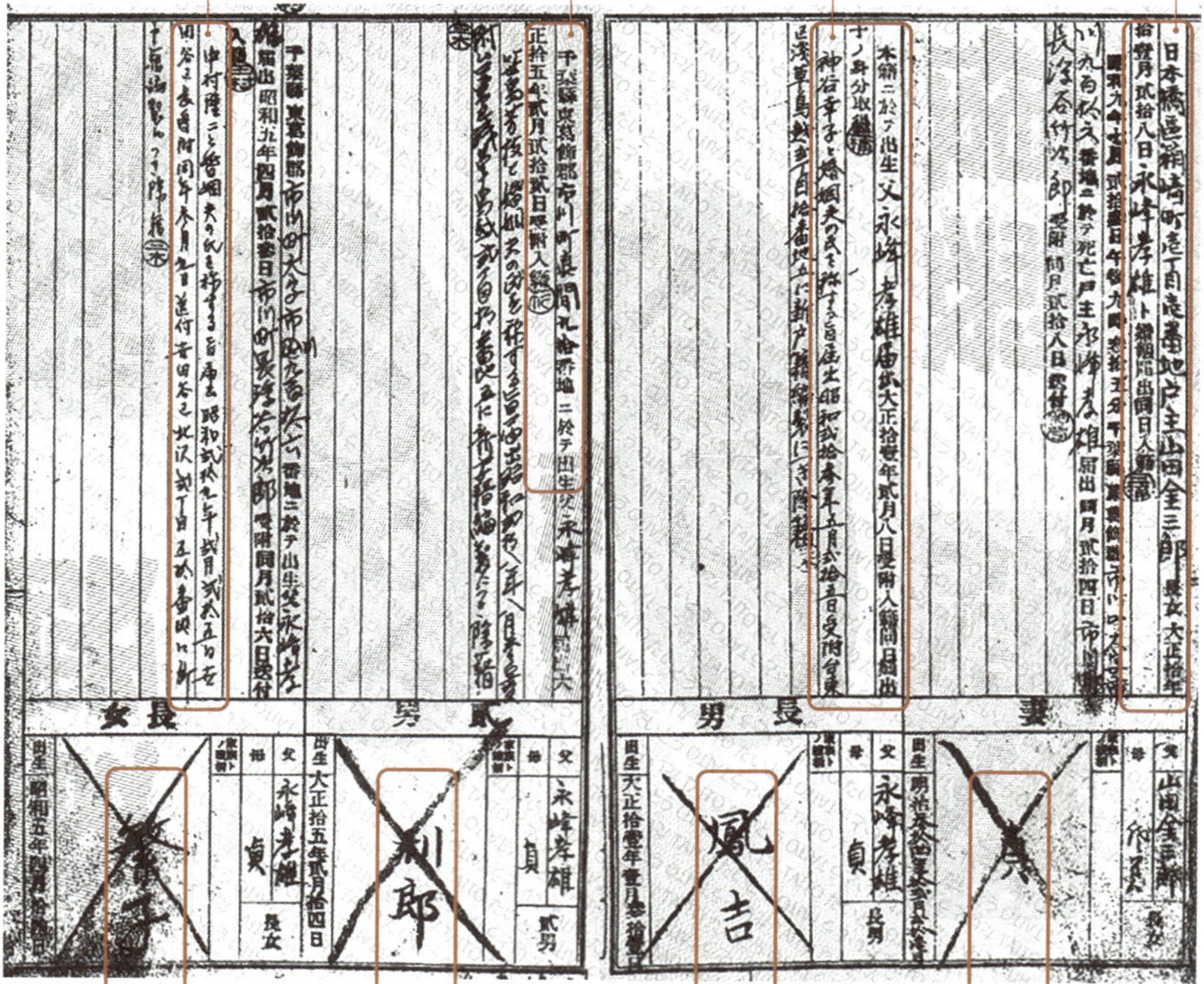

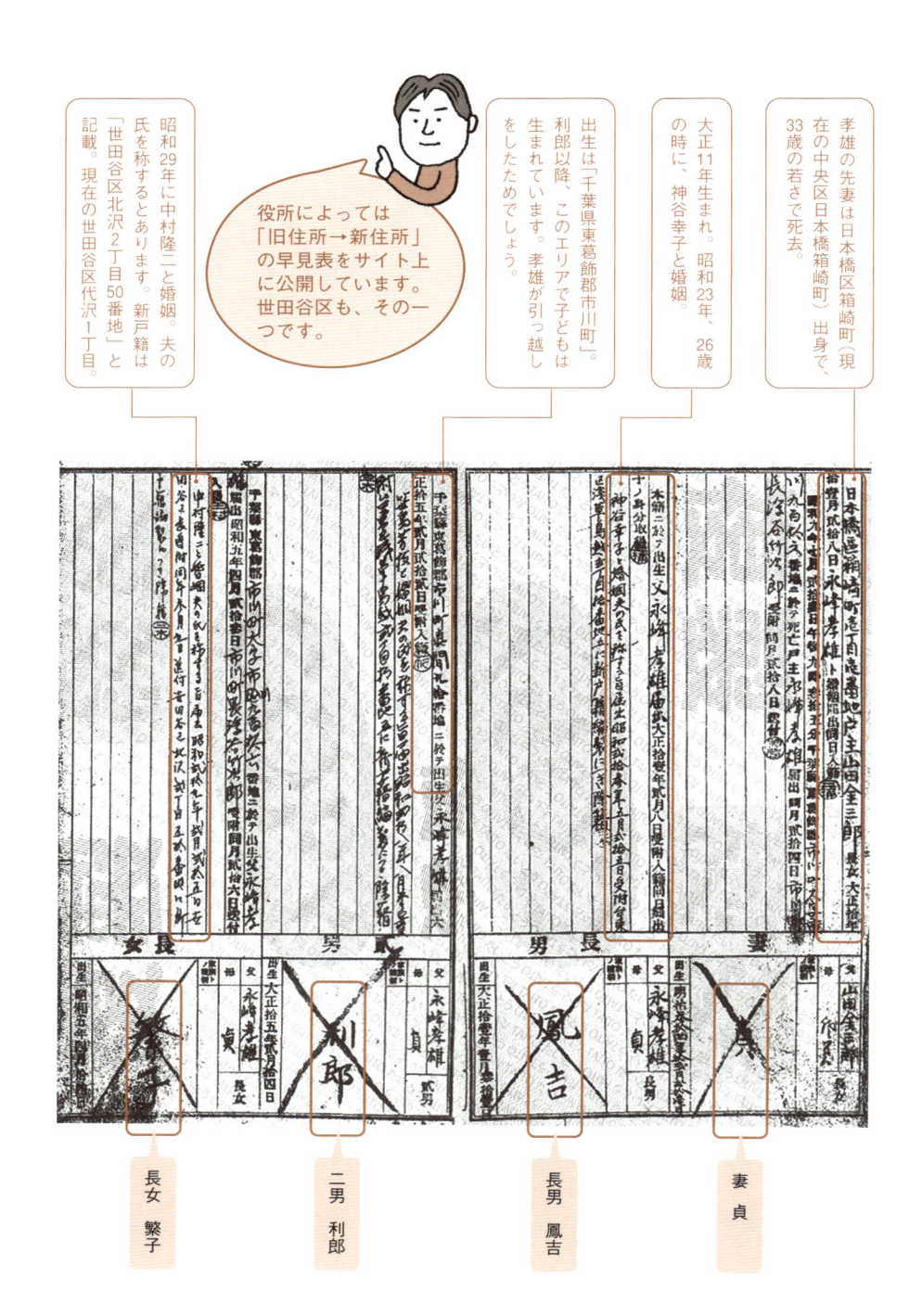

昇に限らず、孝雄の子どもは婚姻後、本籍地を孝雄と同じところに設定しています。その真相は謎です。

筆者の父・康雄の母。「江戸川区平井4丁目1579番地」（現在の東京都江戸川区平井6丁目）の実家から嫁ぎました。

婚姻の旨が記載されていないことから、当時は、光雄は独身であることが分かります。

筆者の父・康雄は五男。父はラジオのアナウンサーになりますが、末っ子ゆえに、自由に生きられたのかもしれません。

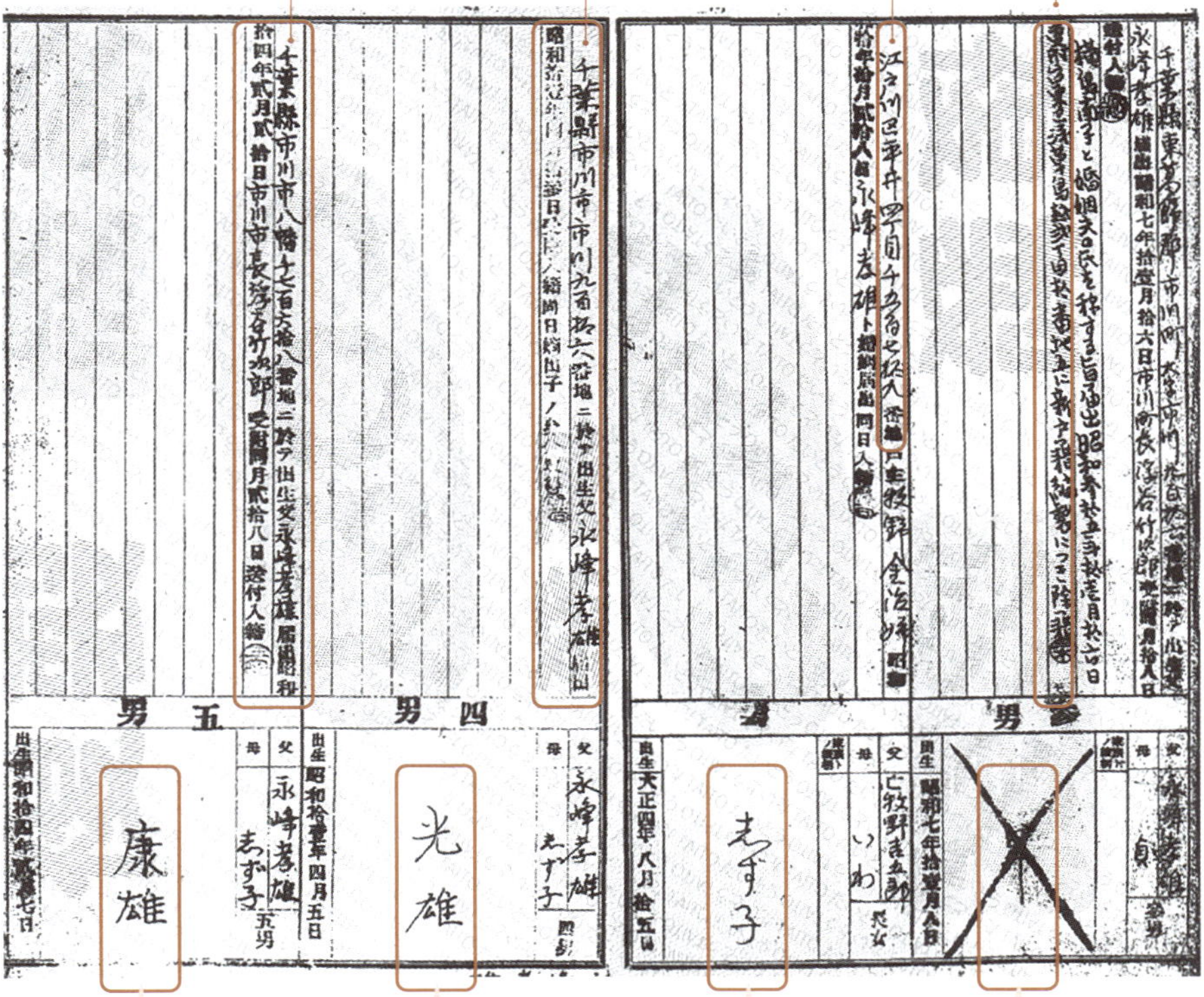

三男　昇

後妻　志ず子

四男　光雄

五男　康雄

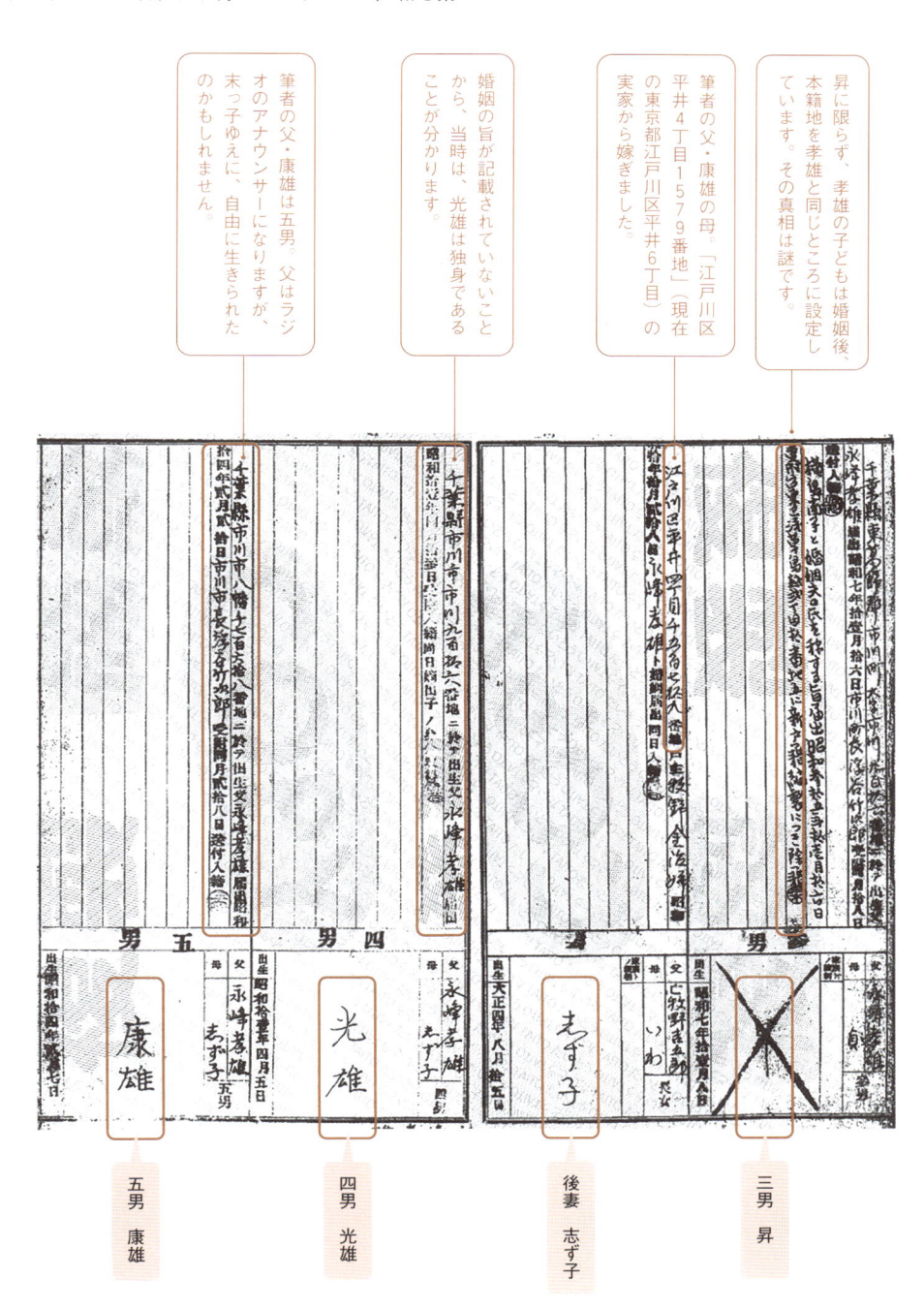

2-6

曾祖父の戸籍（除籍謄本）を読み取る

筆者の曾祖父・清次郎の戸籍（大正4年式）の「前戸主欄」には、清次郎の父・清造の名前があります。私の高祖父です。これで「清造↑清次郎↑孝雄↑康雄↑英太郎」と、4代前までさかのぼれました。

「身分事項欄」に「司法大臣の命に依り～戸籍を改製す」とあります。「明治31年式」があるというわけです。本籍地に請求します。

続いて「明治31年式」を見てみます。「本籍地欄」には、「福富町6番地」以前の本籍地が記入されていますが、読み取れません。役所に聞いたところ「明治25年4月12日神田区（現・千代田区）神田材木町7番地より移る」と教えてくれました。**読めなかったら、役所に聞いてみましょう。**

孫の名前も載っている昔の戸籍

大正・明治の戸籍は「戸主の直系・傍系の親族を一つの家族」が基本単位のため、姉弟や、孫やひ孫など、多くの人物が記載されています。

次の戸籍を求めて、千代田区に清次郎の戸籍を求めましたが、関東大震災により、焼失とのこと。戸籍を追い求める旅は、ここで終了です。

曾祖父の戸籍（明治31年式）

今現在、私たちが入手できる2番目に古い戸籍になります。この戸籍を手に入れれば、先祖のルーツ探しは、大きく前に進めることができます。

曾祖父の戸籍（大正４年式）

３代前の曾祖父・清次郎の戸籍。この代の戸籍を通じて、高祖父の母の名前を初めて知ることになる人も多いのではないでしょうか？

従前戸籍は「京橋区佃島」で「神戸」という旧姓であることが分かります。読めない場合は、一つ新しい戸籍を見るのもよいでしょう。

清次郎の母・こまの従前戸籍は「大阪府住吉郡平野郷野堂町」で、旧姓は「魚谷」です。

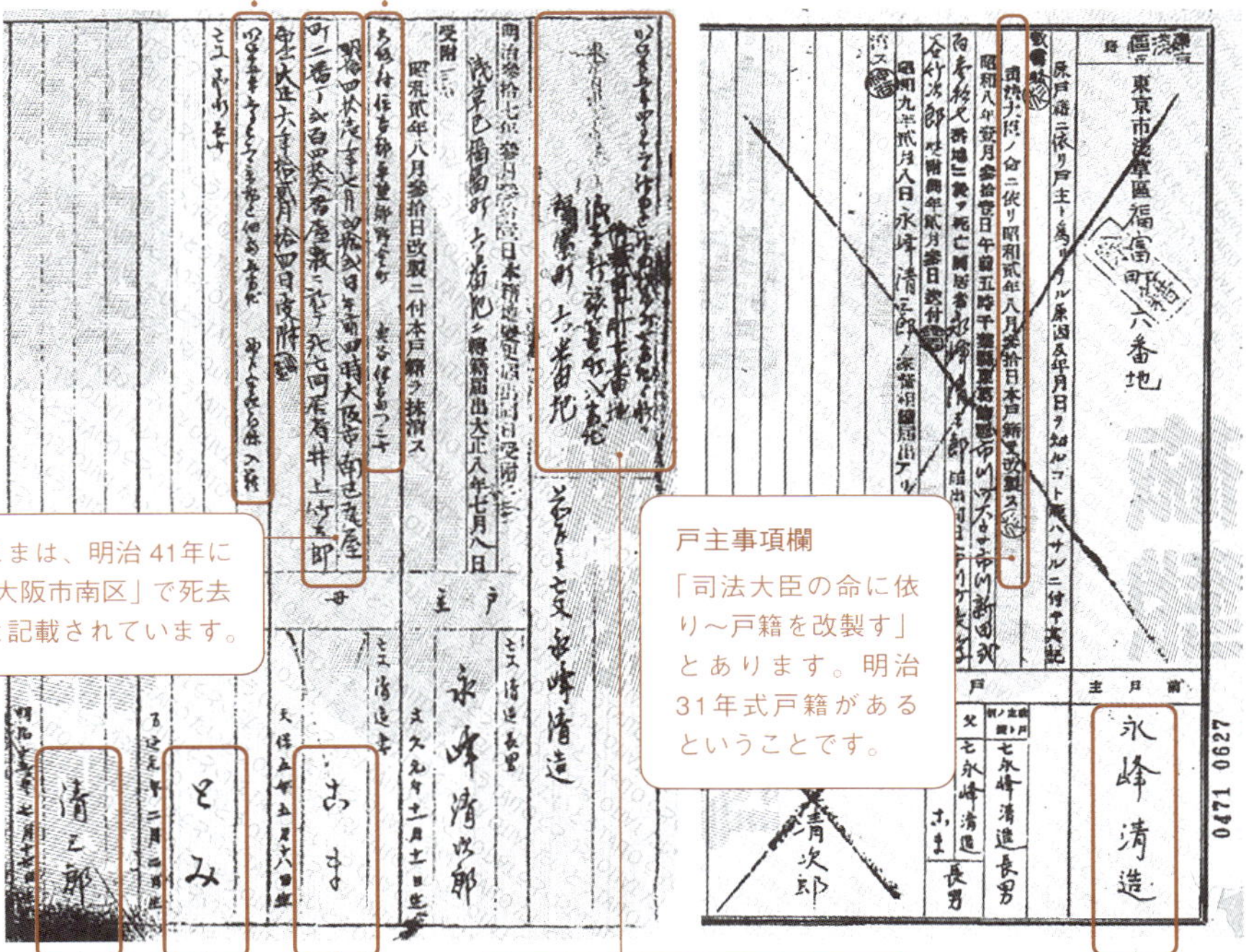

こまは、明治41年に「大阪市南区」で死去と記載されています。

戸主事項欄

「司法大臣の命に依り～戸籍を改製す」とあります。明治31年式戸籍があるということです。

長男　清三郎

妻　とみ

母　こま

本籍地欄

昔の戸籍は手書きのため、判読できないケースもあります。そんなときは、役所に聞いてみるのがベスト。「明治25年4月12日神田区神田材木町7番地より移る」と教えてくれました。

高祖父　清造

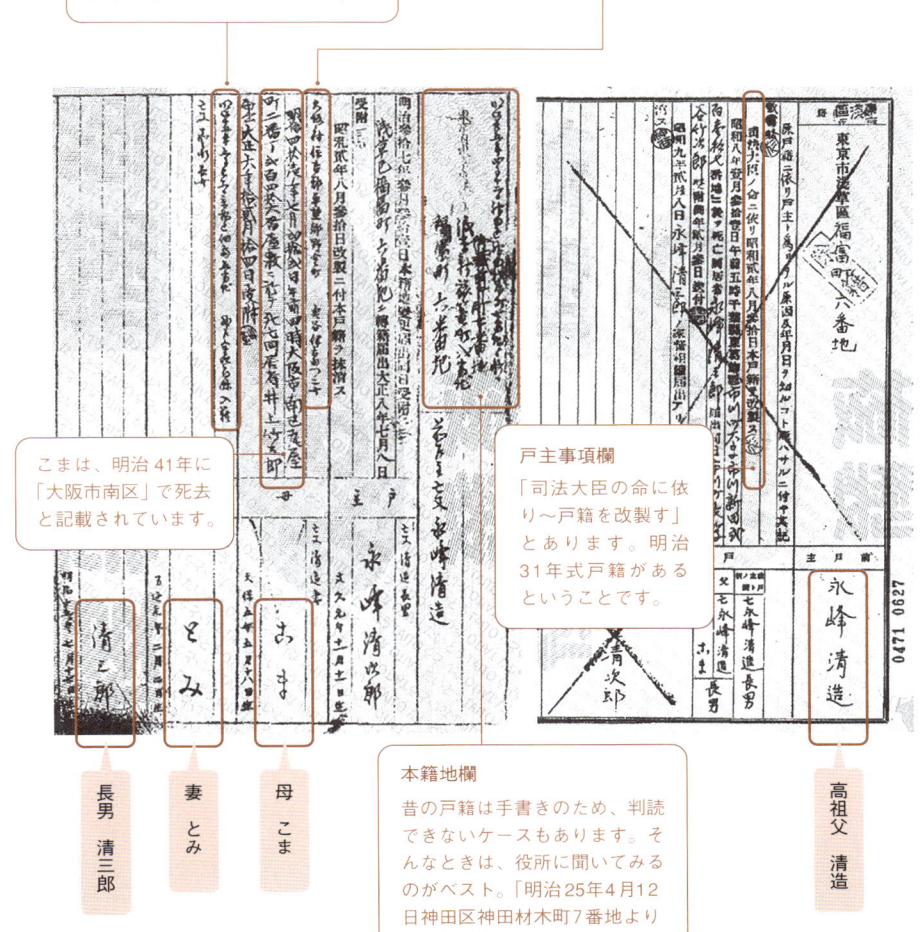

曾祖父の戸籍（明治31年式）続き

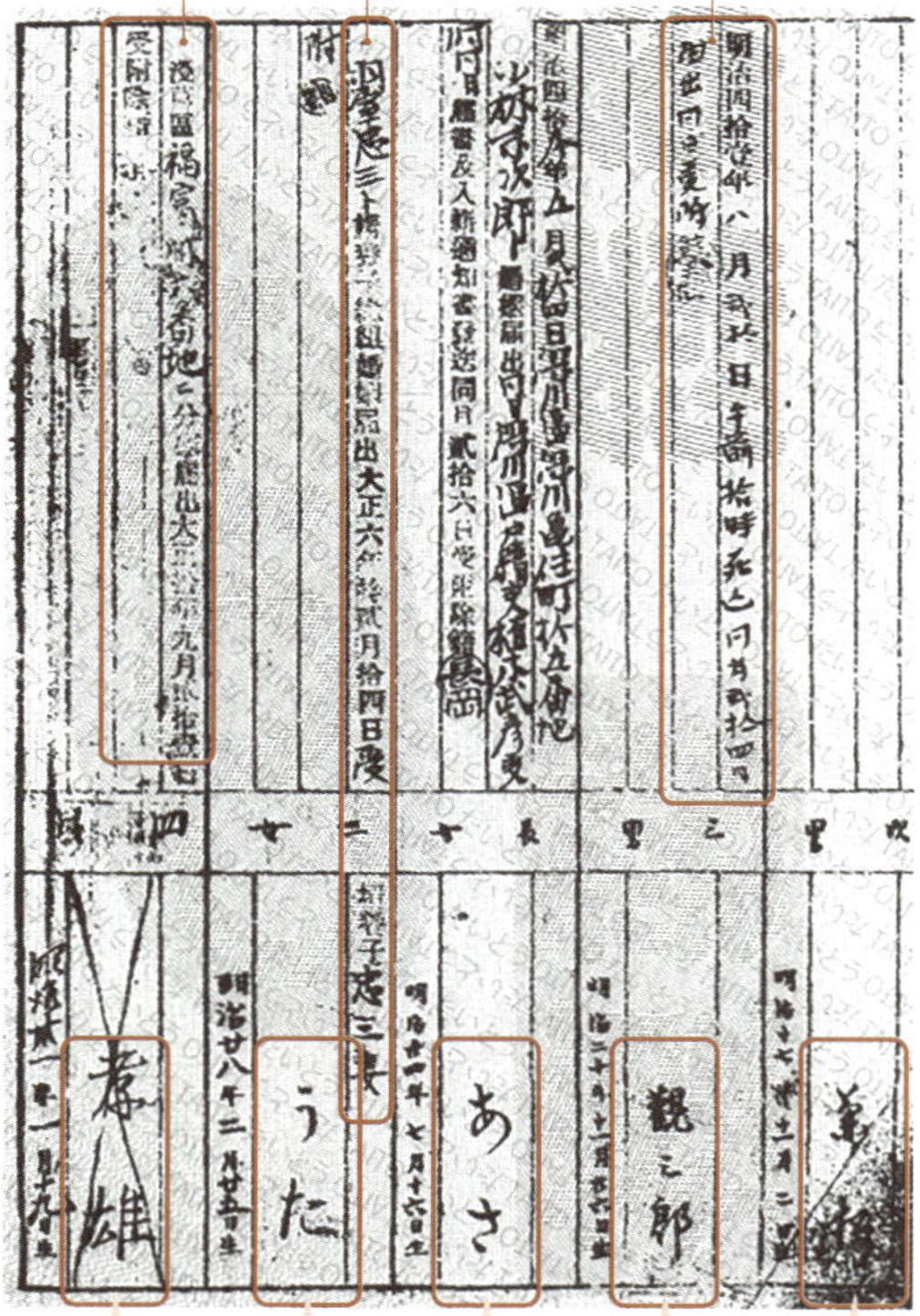

明治43年に死去。22歳の若さで亡くなっています。

羽室忠三と婚姻。忠三は婿となり、永峰姓を名乗ります。

「分家届出」と記載。清次郎の「大正4年式」には、すでに分家しているため、孝雄の記載はありません。

二男　兼松

三男　勘三郎

長女　あさ

二女　うた

四男　孝雄

五男　春之助

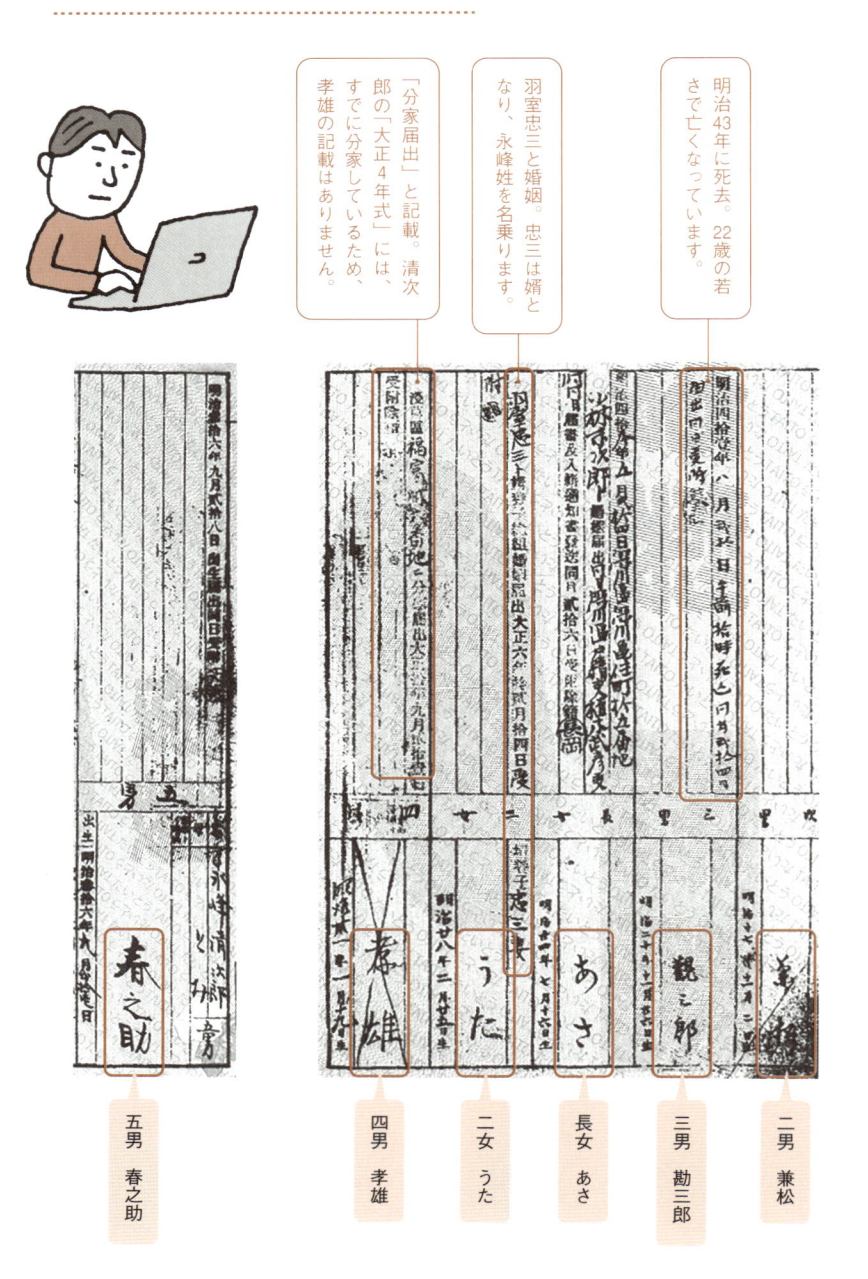

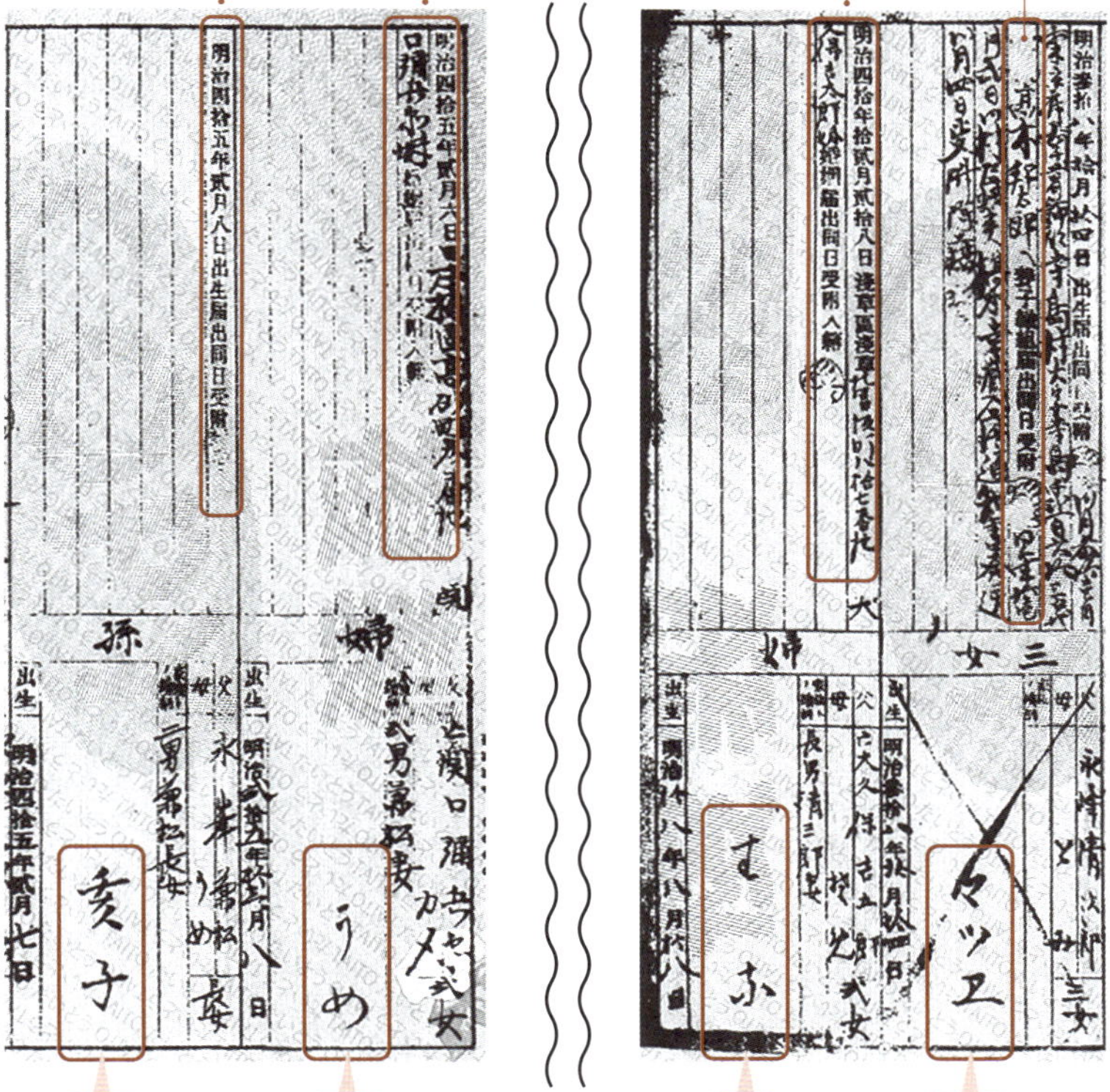
高木某へ養子に出ています。
婚姻前は「浅草区浅草北富坂町（現・台東区蔵前）」が本籍でした。
婚姻前は「日本橋区高砂町（現・中央区日本橋富沢町）」が本籍でした。
兼松の長女。大正・明治期の戸籍には、孫の名前も記載されています。
三女 タツエ
清三郎妻 はな
兼松妻 うめ
孫 いく子

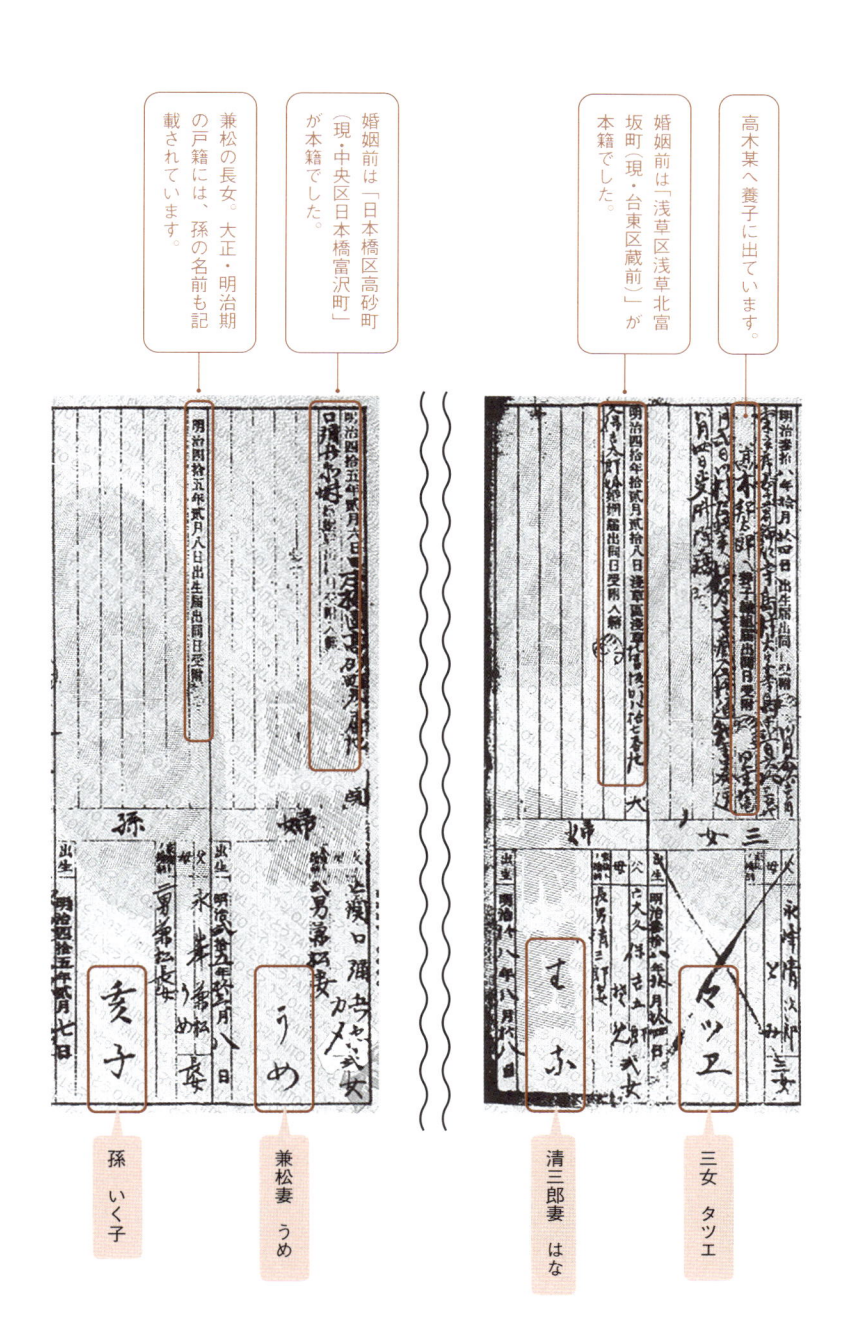

2-7 母方の戸籍も取ってみる

本書では、筆者の父方のルーツを追っていますが、当然のことですが、母親にもルーツがあります。

同時にルーツを追うのは難しいかもしれませんが、一方の親のルーツも、ぜひどこかのタイミングで調べてみましょう。

それでは、筆者の母方の戸籍の変遷を見ていくことにしましょう。37ページの筆頭者が夫・康雄の戸籍を取るのがスタートになります。

母・勝子の「身分事項欄」に、婚姻前の本籍地（東京都豊島区西巣鴨〜）と父親の名前が記載されています。これで「内田房吉←勝子《しょうこ》」と、1代前までさかのぼれました。

母が満州国で生まれた記載がある

ところで、この戸籍には勝子の出生地として「満州国哈爾浜市」とあります。母は太平洋戦争中に満州で生まれたわけです。亡き母からよく、満州時代の出来事や、戦後、日本に戻る際の苦難などの話を聞かされたものでした。

続いて、豊島区で、母の父・房吉の戸籍（昭和23年式）を取ります。房吉の父―つまり、母の祖

母の父親の戸籍（昭和23年式戸籍）

母の父・房吉の昭和23年戸籍です。孫である筆者には、知らない情報が多く記載されています。

筆者の母・勝子の戸籍

37ページで紹介した筆者の父・康雄の戸籍です。母・勝子の身分事項欄をチェックします。

戸籍事項欄
「改製につき～本戸籍編製」とあり、「大正4年式」の戸籍があることを示しています。

本籍地欄
豊島区南大塚の住所には、房吉の子や孫たちが今も住んでいます。

戸籍事項欄
出生地として「満州国哈爾浜市」と記載。中国東北部の街・ハルビンです。

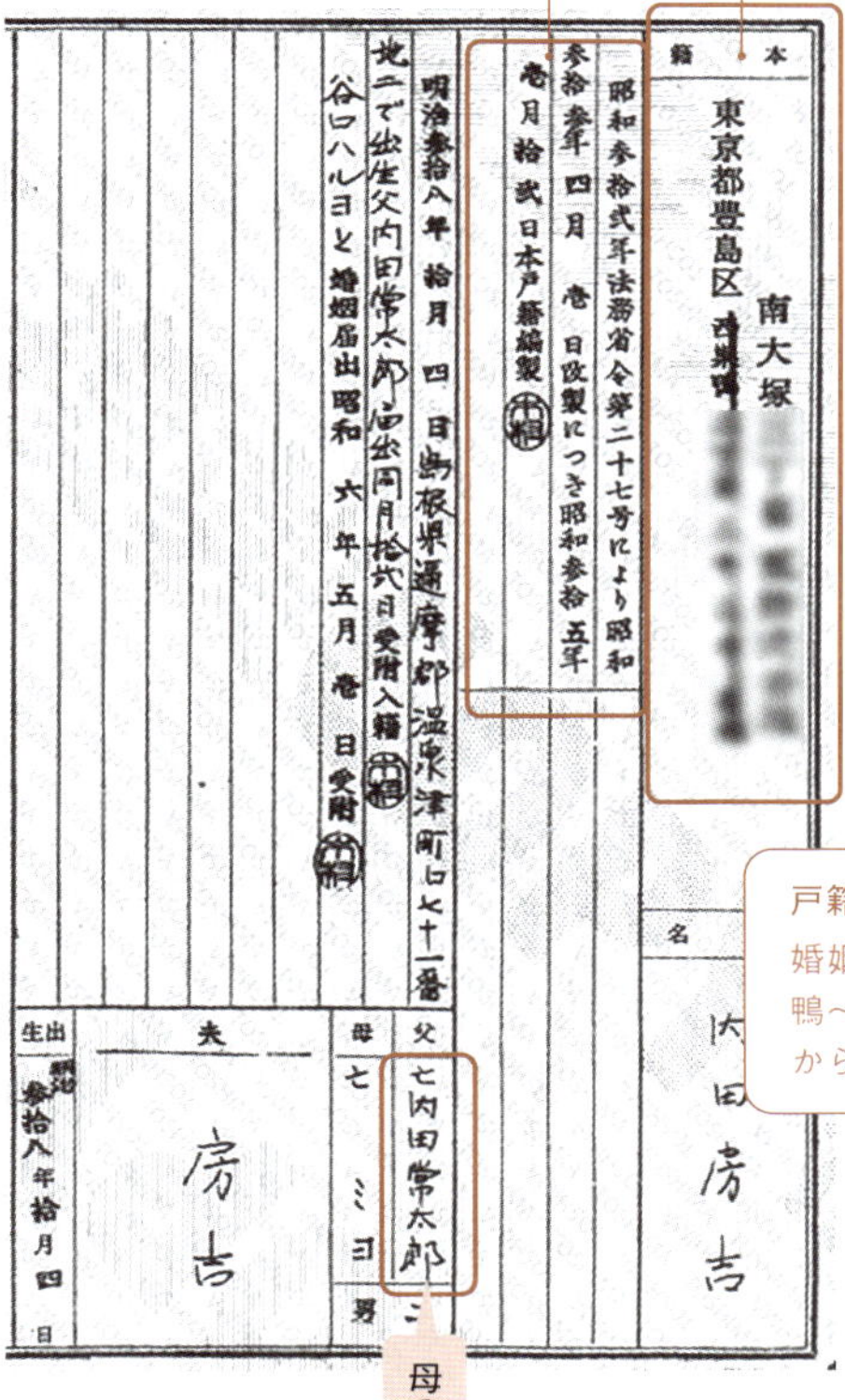

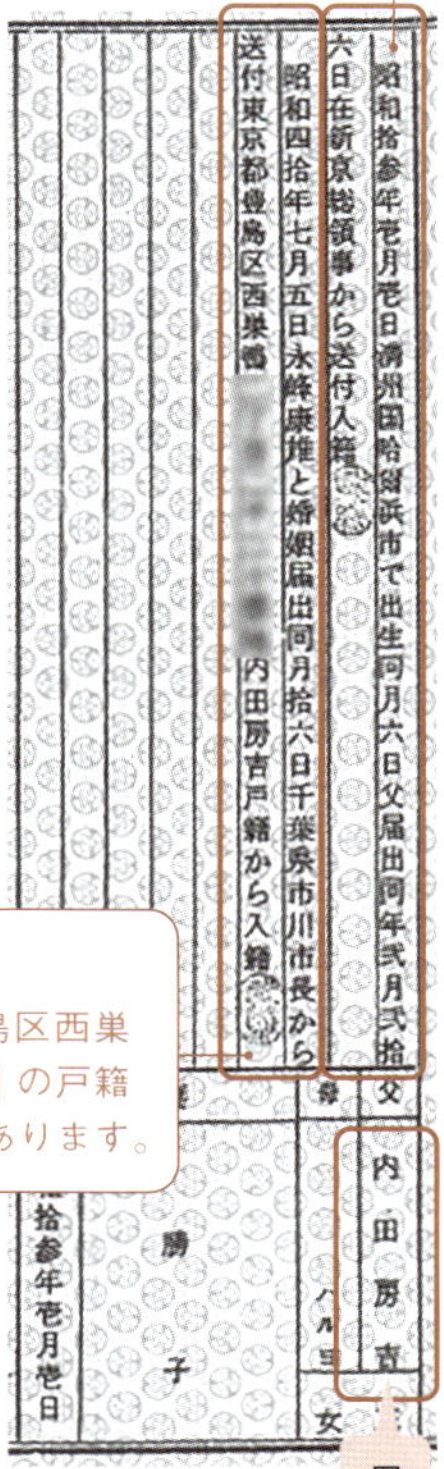

戸籍事項欄
婚姻により「豊島区西巣鴨～。内田房吉」の戸籍から入籍したとあります。

母の祖父　常太郎

母の父　房吉

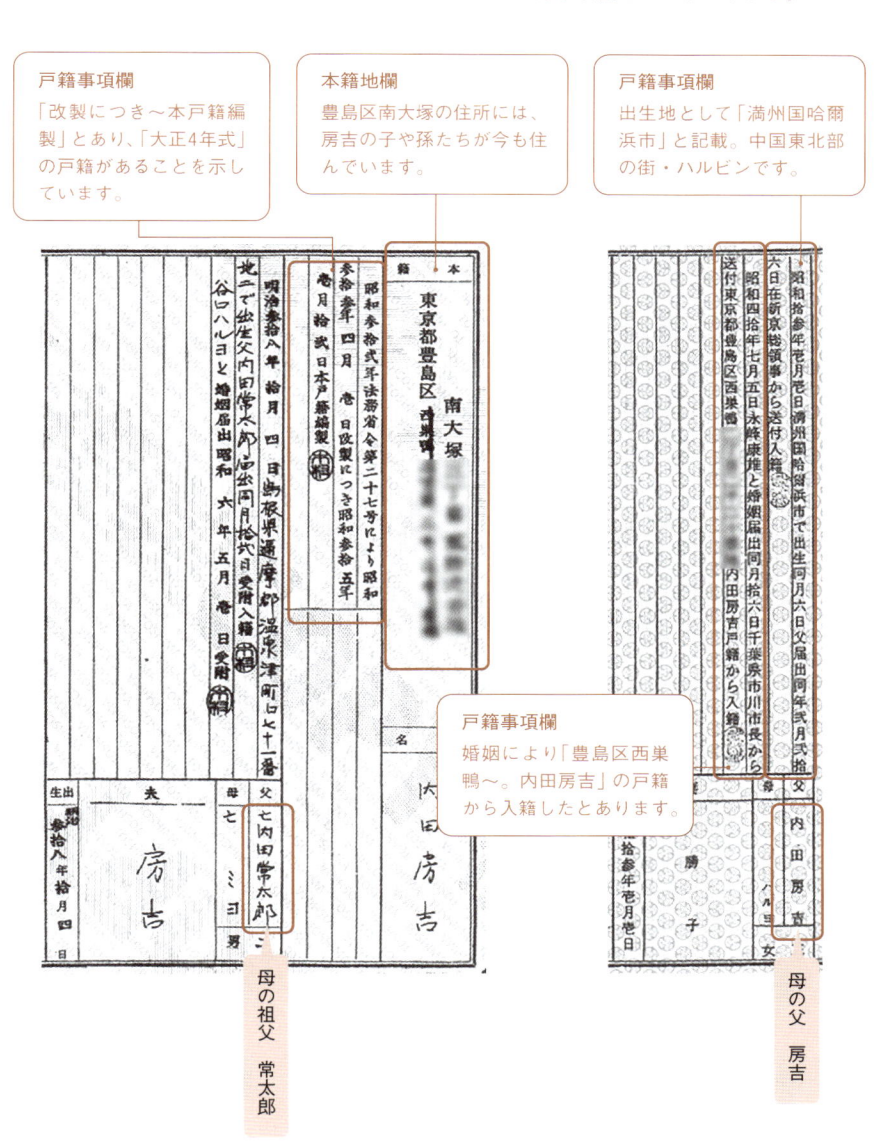

父・常太郎の記載があります。

これで「常太郎←房吉←勝子」と、2代前までさかのぼれました。

「本籍地欄」には、豊島区以下の「西巣鴨〜」が消されて「南大塚〜」となっています。「戸籍事項欄」には「なぜ本籍地が変わったのか」の理由は書かれていませんが、自治体による町名変更があったようです。

母親のルーツは、島根県にある

その「戸籍事項欄」を見ると、「戸籍改製」の文字があります。つまり、「大正4年式」があることになります。

「大正4年式」「昭和23年式」ともに、「身分事項欄」に「島根県邇摩郡温泉津町ロ71番地で出生。父内田常太郎届出」とあります。

また「昭和18年に分家」の記載も。房吉は、今まで属していた家から分かれて、別に一家を立てたことが分かります。

続いて「内田常太郎」の戸籍です。これは「明治19年式」です。特徴としては、戸主事項欄が4行しかない点です。

この戸籍に、前戸主として内田幸太郎の名前があります。これで「幸太郎←常太郎←房吉←勝子」と、3代前までさかのぼれたことになります。

本籍地は「島根県邇摩郡温泉津村鳳谷290番屋敷」。役所に聞いたところ、「地名の変更があった」ということでした。

なお、これ以前の戸籍は廃棄されており、これで戸籍によるルーツ探しは打ち止めとなります。

母の祖父の戸籍（明治19年式）

現在、取得できる最古の戸籍、それが明治19年式です。母方の戸籍は、これで打ち止めになりました。

母の父親の戸籍（大正４年式）

昭和23年式の前の戸籍になります。役所の人が達筆なのか、とても読みやすくなっています。

本籍地欄

「除籍」の文字と重なり、本籍地が読みにくいため、役所にメールで質問したところ、正しい地名を教えてくれました。

戸主事項欄

「分家」の文字が見えます。昭和18年に房吉は常太郎から分家し、独立したのです。

戸主事項欄

房吉が島根県で出生したと記載されています。また祖母の旧姓が「谷口」と分かります。

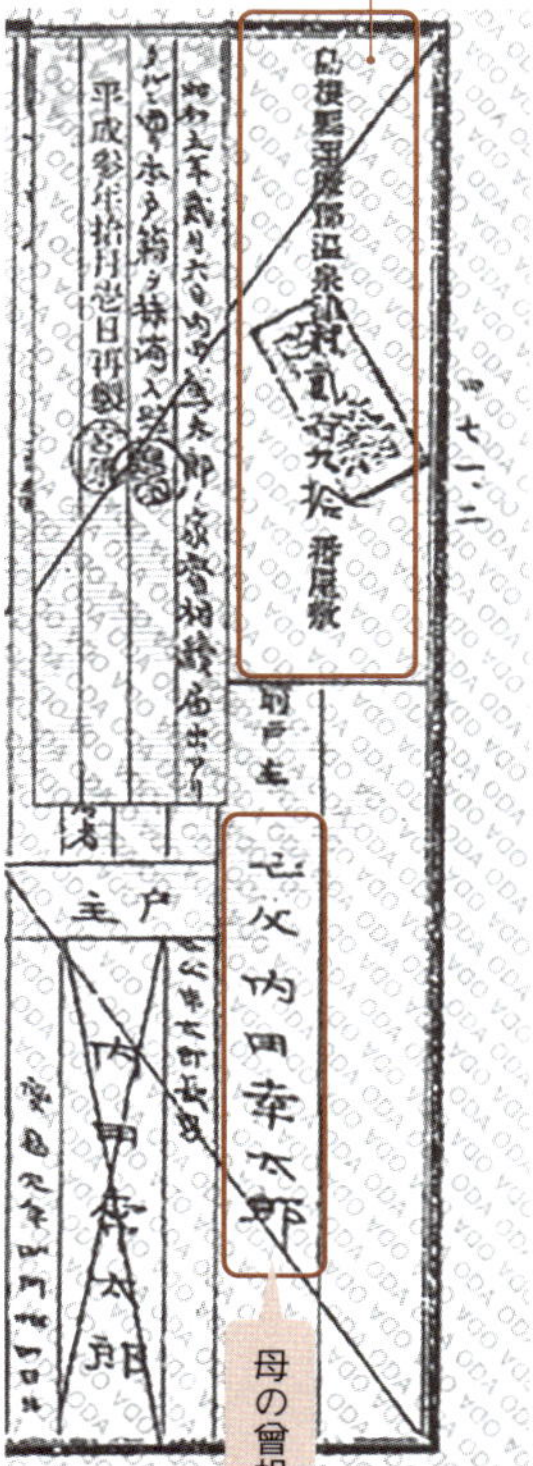

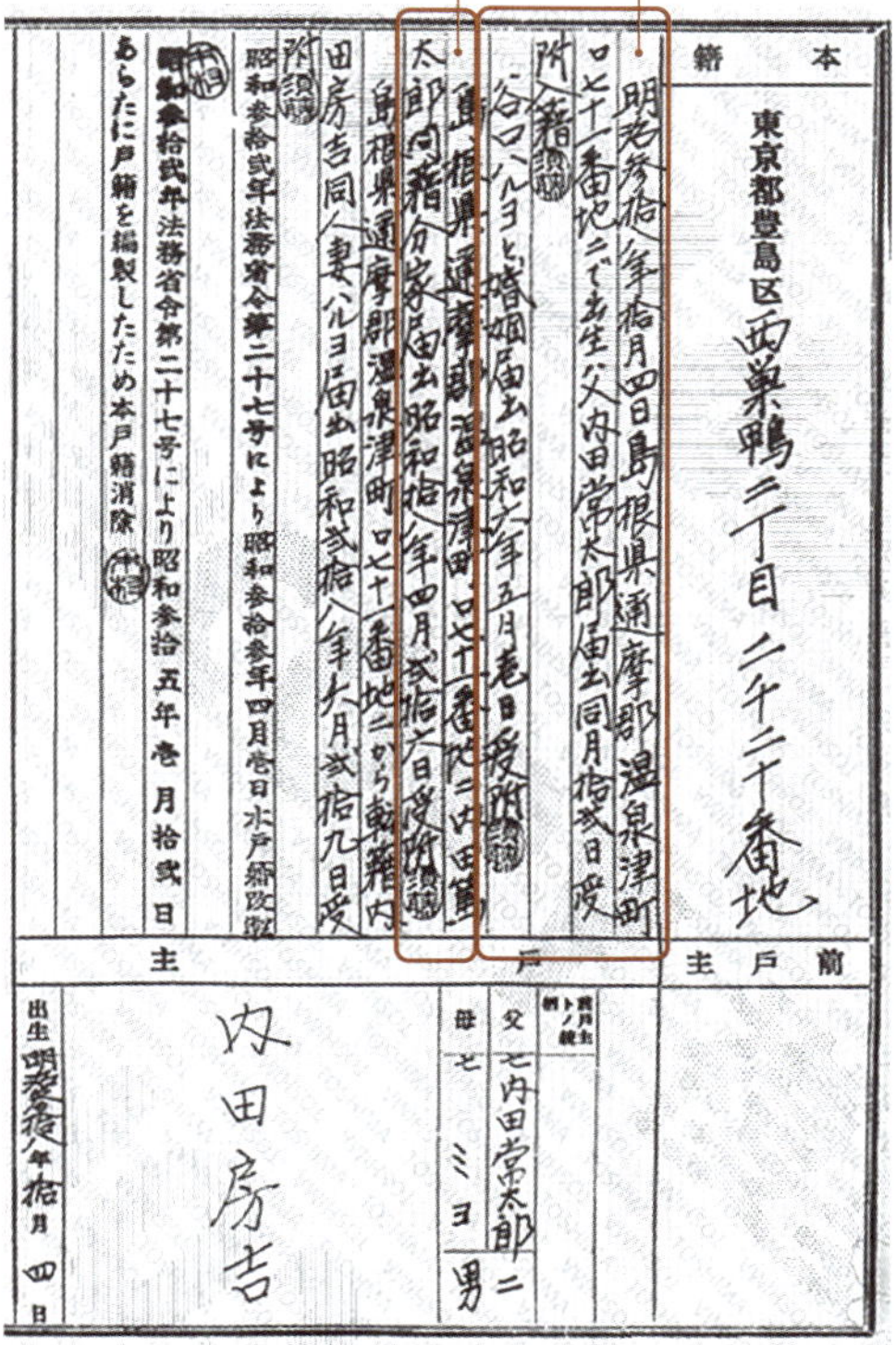

2-8 ここまでの戸籍をもとに、家系図をつくろう

取得できるすべての戸籍を集めたら、現段階での「家系図」を書いてみましょう。家系図は、見やすければどんな形でもOKですが、初めての人は、左ページのような典型的なフォーマットを使用することをオススメします。

家紋があれば、題名に添える

①まず、題名を書きます。用紙の右上に「○○家系図」と書きましょう。家紋（136ページ参照）が分かっていれば、その画像も入れるのもよいアイデアです。

家系図での夫婦の記し方

夫婦の表現方法は、いくつかの種類があります。どちらを採用してもかまいません。

後妻がいる場合の形

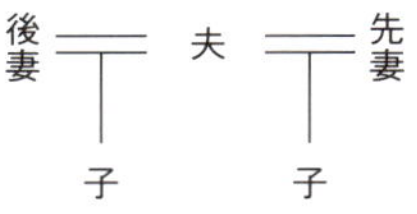

先妻を病気などで亡くし、再婚するケースは特に珍しいことではありません。その場合は、右側が先妻、左側が後妻となります。

近年生まれた形

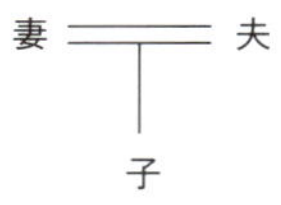

夫婦の関係を二重線で表す方法です。視覚的に分かりやすく、最近では、こちらを選んで家系図をつくる人が増えています。

古来からの形

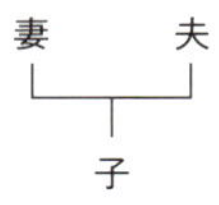

一本線で記す方法です。筆で書いて巻物にするなど、本格的な家系図をつくるのであれば、こちらを選ぶとよいでしょう。

家系図の基本的な書き方

基本的に家系図には、絶対的なルールはありません。見やすければ自由に書いてOKですが、まずは、基本的な形で作成することをオススメします。

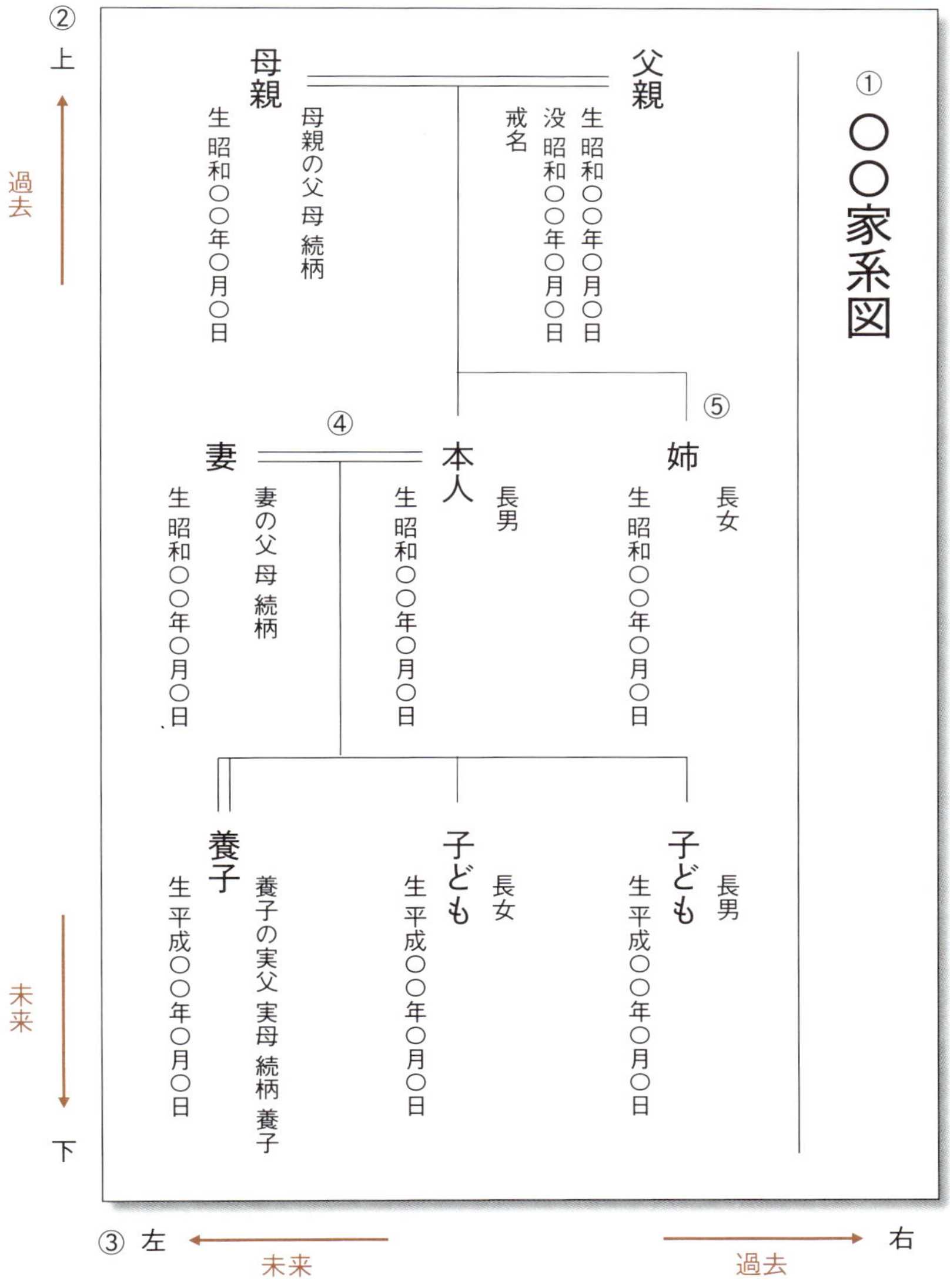

（兄弟姉妹は生まれた順に右から、夫婦は夫が右）

②時系列については、縦軸は、紙の上側（天）が過去で、下側（地）が未来になります。③横軸は、向かって右側が過去で、左側が未来になります。

夫婦の表記法は2つある

④夫婦は、夫が右で、妻が左です。夫婦の表記の仕方は、おもに2種類あります（54ページの図参照）。本書では、近年生まれた表記法を採用しています。

また、先妻と後妻がいる場合は、夫を中心に、右側に先妻、左側に後妻とします。

⑤兄弟姉妹は、生まれた順に右から書きます。

なお、家系図には、線にもルールがあります。「棒線（—）」は、実子関係を示す線、「二本線（=）」は、養子関係を示す線、破線（…）は、父子関係や代数不明を示す線となります。

家系図では人名を目立たせる

名前については、名前の右側に続柄、左側に、生年月日、死亡年月日の順に書きます。

家系図内の文字については、一番目立たせるのは「人名」です。一方、ほかの要素は控えめにするとメリハリがつきます。

左ページに挙げたのは、私が実際に取得した父方の戸籍を通じて、明らかになった人物をまとめた家系図です。4代前まで、さかのぼるだけでも、これだけのボリュームになるのです。

それでは、次章以降で、もっと古い先祖を見つける旅に出ることにしましょう。

永峰家家系図

清造　生不明　没不明
＝ こま　生天保五年五月十八日　没明治四十一年七月二十二日

長男 清次郎　生文久元年十一月十一日　没昭和八年一月三十一日
＝ とみ　生万延元年二月二日　没昭和八年二月三十一日

長男 清三郎　生明治十五年七月七日　没昭和八年一月三十一日
＝ はな　生明治十八年八月十八日

二男 兼松　生明治十七年十一月二日
＝ うめ　生明治二十五年十二月八日

三男 勘三郎　生明治二十年十一月二十六日　没明治四十一年八月二十日

長女 あさ　生明治十四年七月十六日

婿 羽室忠三　生明治三十年十一月三十日
＝ 二女 うた　生明治二十八年二月二十五日

貞　生明治三十四年十二月二十一日　没昭和九年七月二十三日
＝ 四男 孝雄　生明治二十一年一月十九日　没昭和五十三年四月十四日
＝ 志ず子　生大正四年八月十五日

五男 春之助

三女 タツエ

（貞・孝雄の子）

長男 鳳吉　生大正十一年一月三十一日
＝ 幸子

二男 利郎　生大正十五年二月十四日
＝ 芳枝

隆二
＝ 長女 繁子　生昭和五年四月十四日

三男 昇　生昭和七年十一月八日
＝ 南子

（孝雄・志ず子の子）

四男 光雄　生昭和十一年十四月五日
＝ 玲子

五男 康雄　生昭和十四年二月七日　没平成三十一年三月二十六日
＝ 勝子　生昭和十三年一月一日　没平成二十六年二月二日

（康雄・勝子の子）

福岡栄
＝ 長女 真樹子　生昭和四十一年二月二日

長男 英太郎　生昭和四十四年一月七日
＝ 千恵

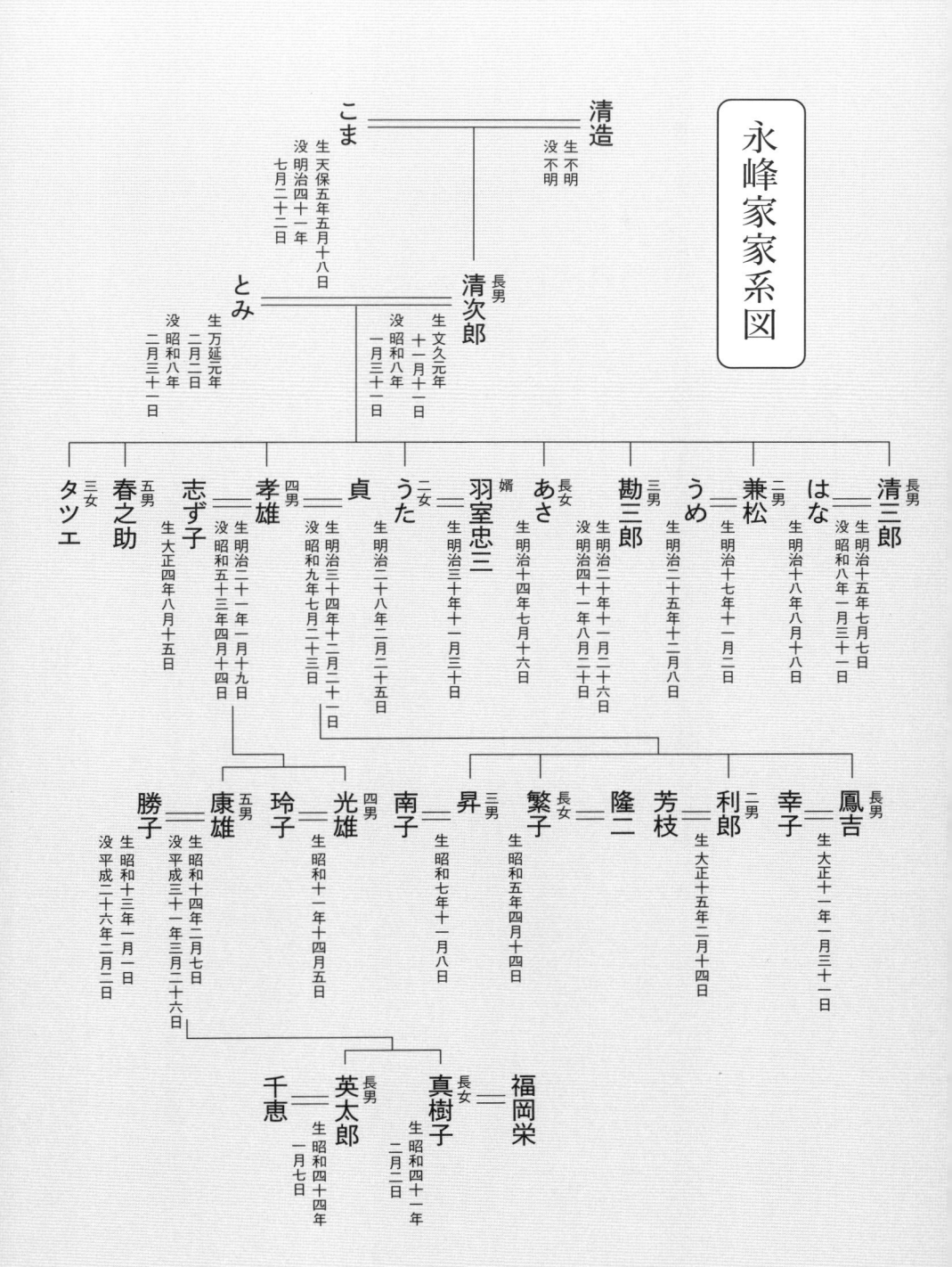

コラム

戸籍の収集を行政書士に依頼するのは、あり？ なし？

弁護士や行政書士などは、職務を執行するうえで、戸籍を取得することができます。例えば、相続の手続きの際、相続人を特定する必要があるため、行政書士は、被相続人の兄弟姉妹などの戸籍を取得します。

そのため、「戸籍は行政書士に任せたほうが、自分で取得するよりも、広い範囲の戸籍が取れる」と思っている人が、少なくありません。

しかし、**結論からいえば、自分で手に入れることのできる戸籍と同じ範囲しか、専門家であっても取ることはできません。**

一方、家系図づくりを専門に行う行政書士もいます。スキルに長けているため、まったく時間に余裕がないのであれば、彼らに頼むのも、一つの方法です。

先祖の戸籍を集めるのは、楽しい

私が、先祖代々の戸籍を集めるなかで思ったのは「こんな楽しいレクリエーションはない！」ということでした。役所に足を運んで、窓口で「この文字はなんと読むのでしょうか？」などとやりとりをするのは、戸籍を取る機会でしかありません。専門家に戸籍の収集を依頼するよりも、ぜひ、自分自身で行っていきましょう！

第3章

戸籍より1～2世代前の先祖を調査しよう！

3-1

戸籍から読み取れる情報をまとめてみる

3章以降では、家系のルーツについて、戸籍よりもっとさかのぼった調査を行っていきます。**その際の手掛かりの一つとなるのが、これまでに取得した「戸籍の情報」になります。**

戸籍収集の目的の一つは、戸籍に書かれている「先祖の名前」を追うことですが、戸籍には、ほかにも先祖のルーツを追うための重要な情報が詰まっています。

まず、チェックすべき事柄は、先祖代々の本籍地の変遷です。現代と違い、昔は「本籍地＝住所」のケースが多く、本籍地は生活の営みの場でした。

先祖代々の本籍地が同じエリア内であれば、戸籍のない時代も、その地に住んでいた可能性が高く、江戸初期までの先祖の把握に役立つ「菩提寺」（70ページ参照）も、この近くにある確率が高くなります。

本籍地から身分を推察できる

本籍地から、先祖が農民だったのか、町人・商人だったのか、なども推察できます（92ページ参照）。筆者の場合、2～3代前の先祖は、台東区浅草橋・蔵前界隈です。大正期、問屋街として発

本籍地の変遷を要チェック

明治・大正・昭和初期は、人の移動はそれほどありません。先祖代々の本籍地が同じエリア内であれば、その場所を拠点としていた可能性が高くなります。

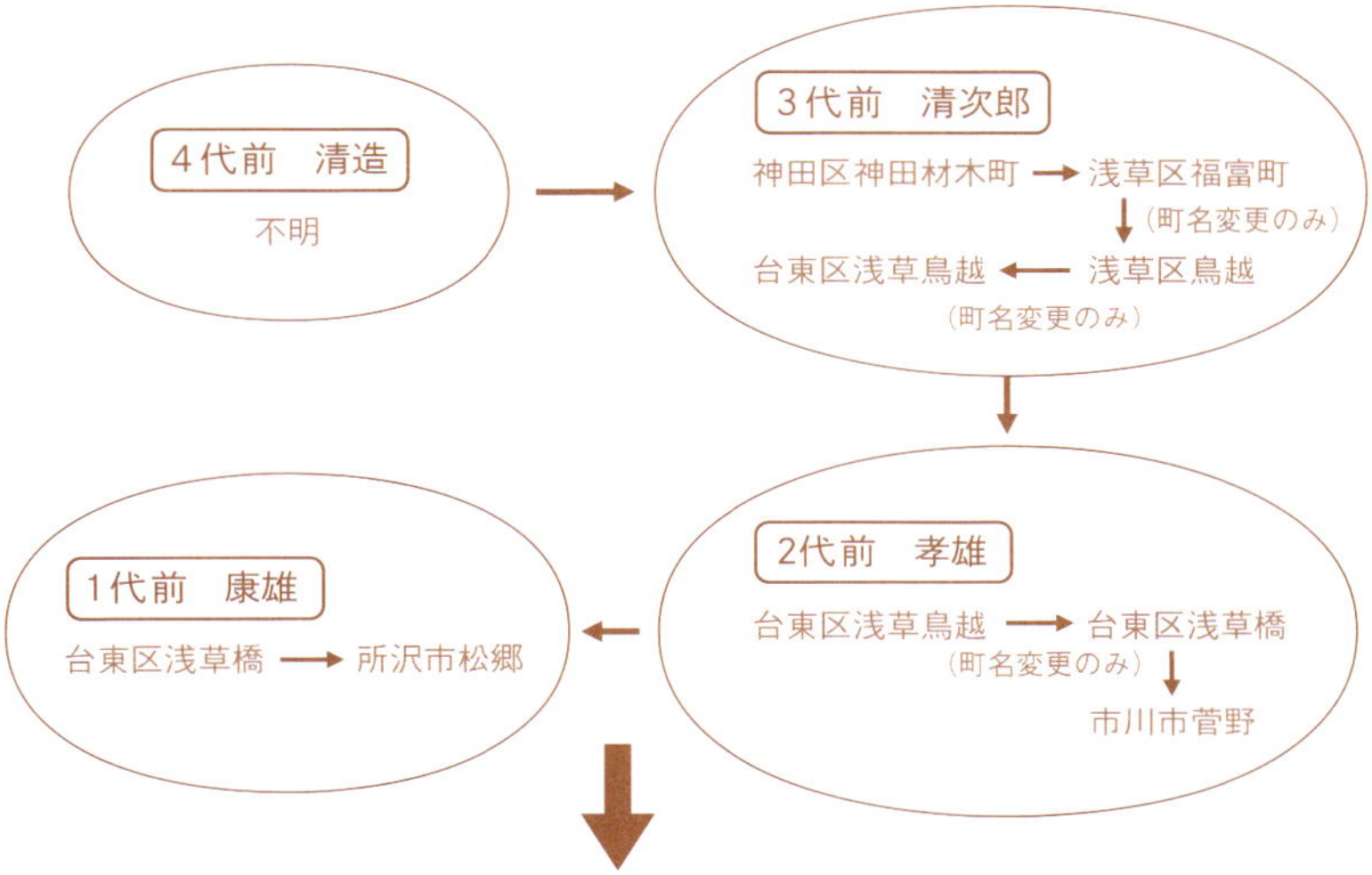
4代前　清造
不明
3代前　清次郎
神田区神田材木町 → 浅草区福富町
（町名変更のみ）
浅草区鳥越
台東区浅草鳥越
（町名変更のみ）
2代前　孝雄
台東区浅草鳥越 → 台東区浅草橋
（町名変更のみ）
市川市菅野
1代前　康雄
台東区浅草橋 → 所沢市松郷

先祖の本籍地からつかめること

先祖の戸籍にある本籍地から得られる情報は多くあります。特に重要になる3つの要素を紹介します。

菩提寺の在り処

交通手段が限られる時代のため、先祖代々のお墓は、先祖の本籍地近くにある可能性が高いといえます。

→ 詳しくは70ページ

身分・職業

本籍地が農村であれば、先祖は農家だった可能性が高いですが、筆者のケースのように、浅草界隈の場合、商人だった可能性も見えてきます。

→ 詳しくは92ページ

苗字の分布

先祖代々の本籍地に、同姓が多く住んでいれば、分家を繰り返して、勢力を高めていった可能性があります。同じ先祖にたどり着くかもしれません。

→ 詳しくは140ページ

菩提寺を把握することは、家系のルーツを追ううえで、非常に大事です！

展したエリアだけに、先祖は「商人」の可能性もあります。少なくとも農民ではなかったのではないかと想像できます。

また、**そのエリアに同姓の人が多く住んでいることが分かれば、そこから家系のルーツをたどることもできます。**（138ページ参照）。

先祖の名前にも目を配る

「先祖の名前」自体にも注目です。江戸時代は、武士の名前と庶民の名前は、明確に分けられていました。例えば、伊達政宗の「政宗」は、江戸時代には庶民が名乗ることはできませんでした。

それだけに、先祖（江戸時代）に、武士っぽい名前があれば、庶民ではない可能性が高くなります（92ページ参照）。武士であれば、藩士の名簿を見ることで、先祖の詳しい情報をつかむことができるかもしれません。

なお、神主や医者、僧侶なども、武士っぽい名前をつけていることもあります。

戸籍には「え？」と思うような情報も載っているものです。それだけに重箱の隅を楊枝でほじくる気持ちでチェックしてください。

私の父方でいえば、一番驚いたのが「4代前の清造の妻・こま」の「家族事項欄」です。そこには婚姻前の本籍地が「大阪住吉郡平野郷」と記載されているのです。さらに、死去したのも「大阪市南区」となっています。今であれば「遠距離恋愛」の可能性もありますが、当時（江戸末期）は、そんなことはまずあり得ません。

私の4代前の清造の本籍地は、戸籍から追えま

戸籍から読み取れる情報は多種多様

取得した戸籍をじっくり読み解いていきましょう。家系のルーツを追ううえで、重要な情報が載っているかもしれません。

清次郎の母は「大阪」出身

筆者の父方の本籍地は、現在の「台東区」界隈となりますが、清次郎の母（清造の妻）の婚姻前の本籍地は「大阪」です。清造のルーツを追ううえで、役立ちそうな情報です。

清次郎の二男（兼松）、四男（孝雄）は「分家」している

清次郎の二男と四男は、分家していることが戸籍には記載されています。当時は、それほど珍しいことではないですが、どんな事情があったのでしょうか？

清次郎の妻は「佃島」出身

母や妻の本籍地の情報も、しっかり読み取りましょう。清次郎の本籍地と近いことから、近くに住む女性と出会ったのでしょうか。

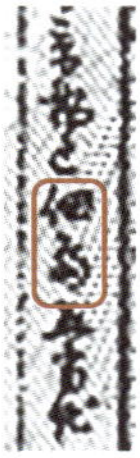

せんが、「こま」の情報は、清造を追ううえで、大きな手掛かりとなるかもしれません。

父方の母や妻の情報もチェックする

また、私の3代前の清次郎の妻は「京橋区佃島」です。佃煮の発祥の地なのです。幼少期の私を可愛がってくれた2代前の孝雄の後妻・志ず子は「江戸川区平井」の出身です。

このように、先祖のルーツを追うなかで判明する配偶者や母親の婚姻前の本籍地は、私たちの想像を掻き立てるものがあります。

皆さんも、**集めた戸籍を「何か情報が埋もれているかもしれない」と思いながら、ぜひチェックしてみてください。**家系のルーツを追ううえで、大いに役立っていくはずです。

3-2

自分の家系の「本家」を探し出す

家系のルーツを追ううえで、**有益な情報を多く持っている可能性の高いのが、「本家」の流れをくむ親族**です。日本では、終戦まで「家制度」があり、親族の中心（おもに長男）となる家を本家、本家から分かれた家（二男、三男など）を分家と言いました。

本家は、祭祀・系譜を承継する義務がありました。つまり、家系に関する詳しい情報は、本家の流れをくむ親族が持っている可能性が高いのです。私の父方でいえば、永峰清次郎の長男・清三郎が本家となります。二男・兼松、四男・孝雄は、分家しています。

戸籍を見れば、本家の孫が分かる

明治・大正期の戸籍には、戸主の孫も掲載されています。清三郎については、戸籍から5人の子どもが確認できます。**本家の親族の名前をつかんだら、親やほかの親族に聞いてみると、本家の親族の子どもの居場所が判明することもあります。**

私は清三郎の五女・明子さんのご子息とSNSを通じてコンタクトを取り、貴重な情報を得ました。本家に聞きたい情報は67ページで紹介します。

長男が「本家」となるケースが多い

本家の探し方としては、長男を追っていく方法が基本です。自分の祖父の代の長男の子どもなどにコンタクトを取ってみましょう。

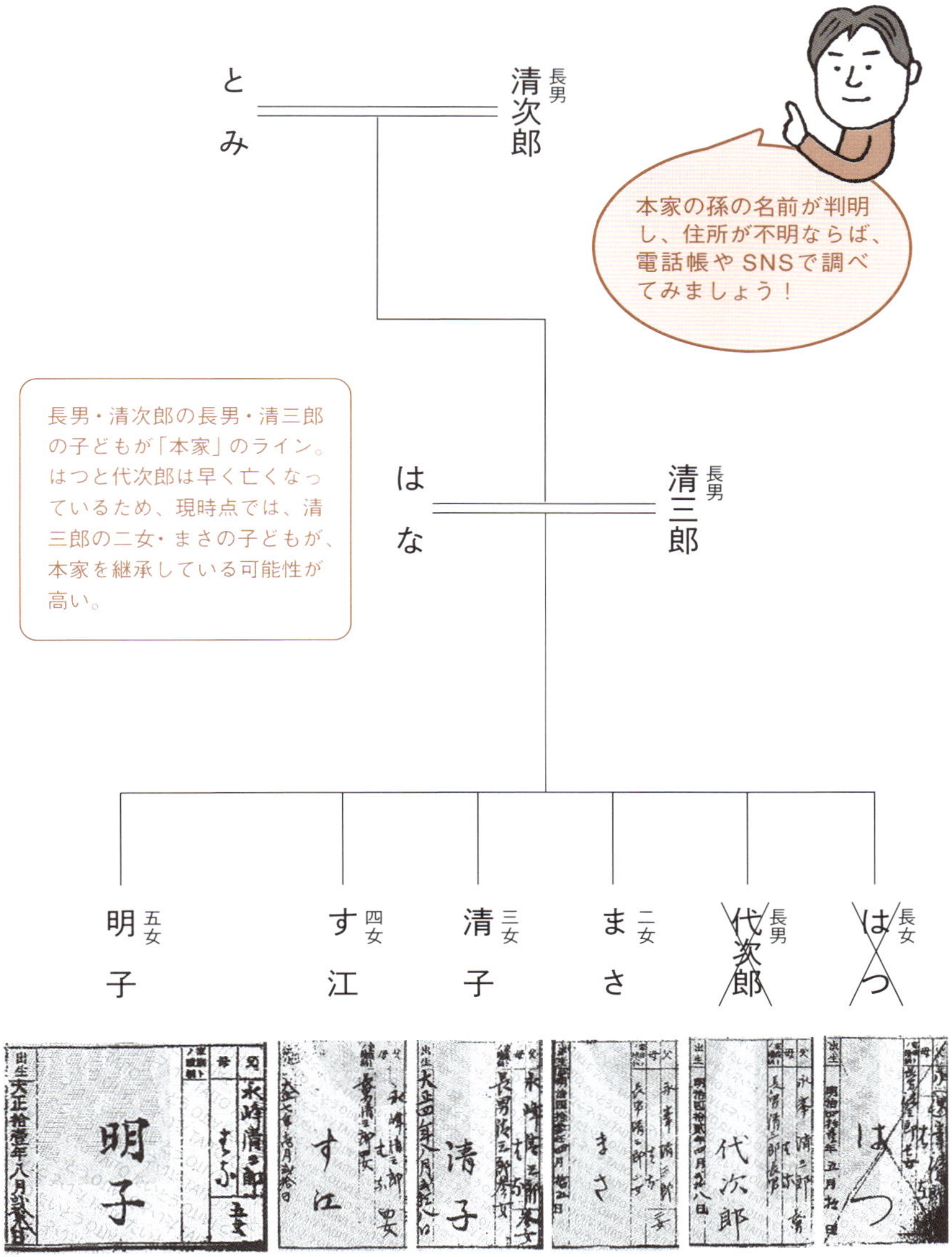
本家の孫の名前が判明し、住所が不明ならば、電話帳やSNSで調べてみましょう！
とみ
長男 清次郎
長男・清次郎の長男・清三郎の子どもが「本家」のライン。はつと代次郎は早く亡くなっているため、現時点では、清三郎の二女・まさの子どもが、本家を継承している可能性が高い。
はな
長男 清三郎
五女 明子
四女 す江
三女 清子
二女 まさ
長男 代次郎
長女 はつ

3-3

親や親族から「先祖」についての情報を集める

戸籍よりもっとさかのぼった調査を行ううえでは、親や親族からの情報はぜひ入手したいものです。特に「本家」（64ページ参照）は、ほかの親族よりも、有益な情報を持っている可能性が高いといえます。

親が健在であれば、必ず、先祖について話を聞く機会をつくりましょう。

左ページに挙げたのが、親や親族に聞いておくとよい質問です。

このうち、**判明する可能性の高いのが「菩提寺の場所」と「家紋」です。**私は母方（旧姓・内田）の菩提寺と家紋について、母の姉に教えてもらいました。

戸籍以前の先祖の住処《すみか》をつかみたい

一番古い戸籍以前の「先祖の住処」についても、親族が知っているかもしれません。

左ページに挙げた質問について「知らない」と言われても、**先祖についての何らかの情報を持っている親族はいるはずです。**

年上の親や親族は、どんどん老いていきます。早めに聞くことが大切です。

親や親族に聞いておきたいこと

自分よりも上の世代の親や親族は、先祖について、多くの情報を持っているものです。積極的に聞いていきましょう。

①先祖の菩提寺を知っているか？

菩提寺の詳細は70ページで触れています。菩提寺の在り処が分からない場合でも、親族の誰かは知っている可能性は高いといえます。

②家紋を知っているか？

家系のルーツを追ううえで、「家紋」（136ページ参照）は大きな手掛かりになります。先祖代々の家紋について聞いてみましょう。

③ご自宅の仏壇などに「過去帳」はあるか？

本家の仏壇には、過去帳が保管されている可能性があります。「先祖のリストはありますか？」などと聞いてみましょう。

④先祖が江戸時代に住んでいた場所を知っているか？

戸籍ではたどることのできない江戸時代に、先祖はどこで暮らしていたのか、親族なら知っている可能性もあります。

⑤先祖が住んでいた地の同姓の人と付き合いはあるか？

同じエリア内の同姓の人は、遠い親戚である可能性もあります。そして今現在も、付き合いのあるケースもあります。

⑥先祖についての資料はあるか？

「祖父から預かった」といった理由で、先祖の関する資料を持っている親族がいるかもしれません。

「とても厳しい人だった」といった性格面の情報が得られるかもしれませんよ！

3-4

親族の手記や家系図、伝聞から先祖を探る

前項で触れたように、先祖についての何らかの情報を持っている親族も少なくありません。その内容は多種多様ですが、**「家系図」「手記」「日記」が取得できれば、戸籍以前の先祖のルーツは追いやすくなります。**

私は、親族から「清次郎さんの二女（うた）の息子さんの手記がある」と聞き、入手することができました。そこには「清次郎が大阪の平野郷出身で、その父（清造）は、大工の棟梁だった」と書かれていました。

清造の妻（こま）は、まさに平野郷の出身です（63ページ参照）。私の先祖代々の明治期から昭和初期にかけての本籍地は「東京の蔵前エリア」ですが、この手記により、それ以前は、大阪に在住していた可能性が高いことが判明しました。

その親族は「簡易的な家系図」もつくっていました。そこには、清造の父・嘉右衛門の名前がありました。戸籍では判明しなかった名前が浮かび上がったのです。

先祖の手記は、意外と残っているもの

そのほか「永峰兼松」の手記も入手しました。

親族から得られる情報の例

私が親族と接していくなかで感じたのは、何かしらの先祖の情報を持っている人は多いということ。特に手記や日記を保管している親族は必ずいるはずです。

① 家系図

私の亡き伯父は「家系図」を遺していました。それほど詳しくないですし、漢字の間違いもあるのですが、清造の父の名前が記されていました。「嘉右衛門←清造←清次郎←孝雄←康雄←英太郎」と、5代前までさかのぼれたことになります。

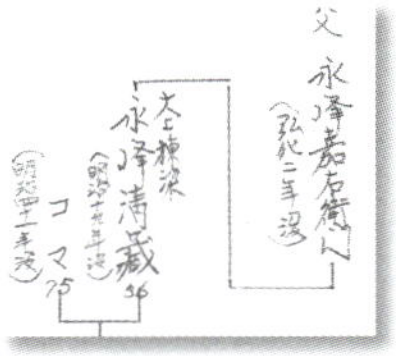

② 手記

先祖代々の戸籍をチェックするなかで、大きな謎だったのが「清造の妻の出身が大阪・平野郷」だったことです。人の移動が制限されていた中、なぜ、大阪なのか。この手記により、清造も清次郎も、大阪生まれである可能性が高いことが判明しました。

私の曾祖父・永峰清次郎は文久元年十一月十一日、大阪府下平野郷の棟梁・永峰清造の長男として生まれた。

③ 日記

昔の人は日記を書く習慣があったため、親や祖父母の日記が残されている可能性があります。もちろん、プライベートな部分もあるため、利用する場合は、保管している人の許可を得ることは忘れてはいけません。

そこには、永峰化成工業という会社の社長だったことなどが書かれていました。

なお、**親族と会う機会があれば、ぜひ雑談の中で、先祖の情報を探っていきましょう。**

私は、父・康雄の兄（利郎）と2018年に話す機会がありました。そのとき「僕の祖母は優しかった」と言ったところ、利郎さんは「彼女は後妻で、家のお手伝いさんだったんです。気を使って大変だったと思うよ」と話してくれました。雑談をしなければ、知る由もない祖母の姿でした。

親族の情報は、赤の他人であれば、まず得られません。親族だからこそ入手できるものです。であるならば、遠慮する必要はありません。自分が家系のルーツを残す、という意気込みで、ぜひ聞いてまわり、貴重な情報を得ていきましょう。

3-5

自分の家系の「菩提寺」を調査する

江戸初期、日本には、すべての民衆を寺院に所属させる「寺請《てらうけ》制度（檀家制度）」がありました。この寺院を「菩提寺」といいます。基本的には、先祖代々の位牌が納められていたり、お墓のあるお寺のことです。

現代と違って江戸時代は、人の移動に制限があり、お寺の変更にも制限があったため、菩提寺に代々の先祖が葬られている可能性が高く、その名前や没年は、過去帳にまとめられているのが普通です。分家した場合も、本家の菩提寺に入るケースが一般的でした。

そのため、菩提寺が分かれば、江戸初期までの先祖の存在が明らかになるかもしれないのです。

親族に菩提寺の在り処を聞く

菩提寺が分からないケースで多いのは、数代前に二男以下が故郷を出て、本家との付き合いがなく、1~2代経ってしまっている場合です。菩提寺が不明の場合は、親族（特に本家）に聞くのが一番です。それでも分からなければ、本籍地周辺の寺で絞り込み、寺に打診してみましょう（次ページ参照）。

菩提寺とは？

江戸幕府は1671年、全民衆を寺院に檀家として所属させ、キリスト教徒ではないことを証明するため「寺請制度」をスタート。その寺院のことを菩提寺と言います。

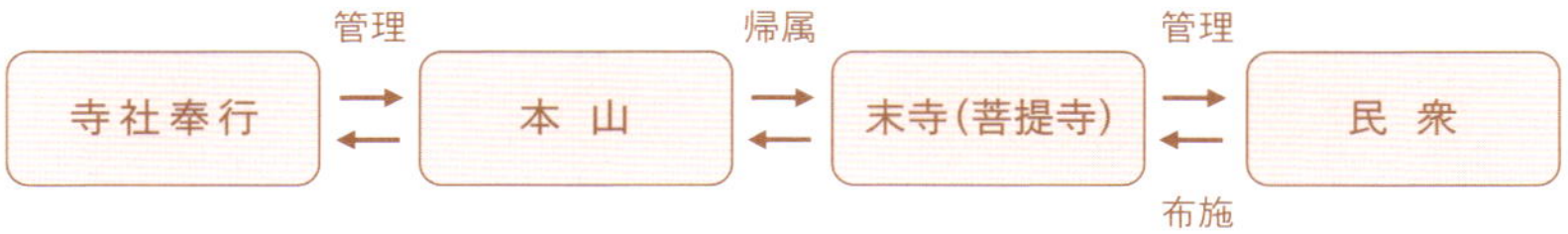
寺社奉行
管理
本山
帰属
末寺(菩提寺)
管理
布施
民衆

江戸時代、寺院を管理する機関として設けられた。

各宗派のランクが高い寺院(本山)が、各地にある同じ宗派の寺院を末寺として管理した。

末寺は庶民を檀家として管理。檀家のリストをつくり、キリシタンでないことを証明する身分証を発行した。

菩提寺の調査方法

現時点で、菩提寺が分からない場合は、ここで紹介する方法で、探し出しましょう。

①親や親族に聞く

菩提寺が存在するのであれば、親や親族の誰かは、知っているものです。特に、長男の家系は「本家」であるケースも多いため、聞く価値は高いといえます。

②先祖のお墓のある寺に聞く

お墓の場所が分かっている場合は、そのお墓を管理する寺院が菩提寺である可能性が高いといえます。

③先祖の本籍地周辺を探る

先祖の本籍地周辺には、どんな寺院があるのかを、地図などでチェックします。その寺院に連絡を取ってみましょう。

具体的な調査方法は72ページで紹介しています！

3-6

菩提寺を絞り込み、手紙を送る

親族に聞いても先祖の菩提寺が分からない場合は、先祖の本籍地から、菩提寺の候補を挙げていきます。その具体的な方法を紹介します。

まず、**グーグルマップなどで、本籍地周辺の寺院をピックアップ。先祖の宗派が分かっていれば、さらに、絞り込んでいきます。**

私の妻の実家は、岩手県一関市にありますが、実家周辺で「寺院」を検索すると、6つの寺院が出てきます。実家の宗派は曹洞宗ですが、この6つの寺院すべてが曹洞宗でした。この場合は、実家に近い寺院から優先順位をつけていきます。**江戸時代は、交通手段はおもに徒歩だったため、家から近い場所に菩提寺があると考えたほうが理に叶っているからです。**とはいえ、菩提寺が家から10~20キロ離れているケースもあるので、判明しない場合は、範囲を広くしていきます。

「先祖の没年月日」などを記した手紙を送る

菩提寺の候補を絞ったら、住所の特定を行い、手紙で「○○家は檀家でしょうか?」と聞いていきます。

手紙には「なぜ、自分の先祖の菩提寺である可

菩提寺への手紙の出し方

菩提寺の絞り込みをしたら、手紙を送ります。今は、メールという手段もありますが、丁寧な内容の手紙を送ったほうが、住職の心に響くはずです。

STEP 1 菩提寺の住所を把握する

ネットで検索すれば、ほぼ100％、寺院の住所は特定できます。不明な場合は、役所や公民館に聞いてみましょう。

STEP 2 手紙の文面を作成する

菩提寺に手紙を送る際は、下に紹介した内容を盛り込みつつ、丁寧な文面を心掛けましょう。住職が「調べてあげたい」という気持ちになるような手紙を目指しましょう。

手紙に盛り込む内容

- 自分の先祖の菩提寺である可能性があること
- 先祖の名前（戒名）、没年月日
- 菩提寺を教えてもらった人がいれば、その人物名について
- 状況から菩提寺と確定している場合は、数千円の商品券を添える

能性があるのかの理由」「先祖の没年月日」を記載すること。菩提寺では、檀家の情報を「過去帳」に記載しています。過去帳の多くは、家ごとで分けられておらず、全檀家が死亡日ごとにまとめられています。住職は、没年月日を頼りにして、過去帳を調べていきます。それゆえ、没年月日を伝えるのは必須なのです。

なお、**過去帳を調べてもらうお礼として、数千円の図書券や商品券を同封**しましょう。これまでの状況から菩提寺として間違いないと思える場合は、今まで先祖を見守ってくれていたお礼も込めて、1万円程度のお礼をしても問題ありません。

なお、菩提寺に手紙を送っても、寺院の方針などによって、調査をしてもらえないこともあります。この場合は、諦めるのも選択肢になります。

3-7

菩提寺が判明したら、過去帳の写しをつくってもらう

先祖の菩提寺が判明したら、ぜひ実現させたいのが「過去帳の写し」の入手です。過去帳のまとめられ方は「家ごと」と「すべての檀家ごと」の2パターンあり、多くは後者です。

死者は「戒名(仏弟子の名前。浄土真宗は法名)」を授けられ、菩提寺は「誰に何という戒名（法名）を授けたのか」を過去帳に記します。

記載の順番は、朔日《さくじつ》（一日）から晦日《かいじつ》（月の最終日）までの日付ごとに、その日に亡くなった檀家を列記していく方法が一般的です。

亡くなった人の記載内容は、戒名のほか、「死亡年月日」「俗名（本名）」「続柄」「居住地」などがあります。

過去帳の閲覧は難しいのが現実

こうした過去帳について、菩提寺に「閲覧したい」と伝えた場合、それを許可するもしないもお寺次第ですが、断られるケースも少なくありません。ほかの檀家の情報も記載されているため、個人情報の関係で閲覧を禁止しているのです。そのため、まずは「自分の先祖のところのみ閲覧したい」と伝えましょう。

菩提寺の過去帳の基礎知識

ひと言で「過去帳」といっても、菩提寺によって体裁や記載内容は違ってきます。ここで基本を学んでおきましょう。

①亡くなった人の戒名・俗名・死亡日などを記載

寺院によっては、そのほか「続柄」「居住地」「身分・職業」「死因」などを記載しているケースもあります。

②「家ごと」と「すべての檀家ごと」にまとめられている

大きな寺院では「家ごと」に過去帳がまとめられているケースもありますが、多くは「すべての檀家ごと」です。

③亡くなった日順に記録される

死者の情報は「没年月日」順に記録されています。閲覧する場合は、没年月日が分かっていることが必須になります。

④俗名（名前）まで記載されていないことも

過去帳の記載内容は、過去帳の書き換えのたびに、削ぎ落され、最後には「戒名」と「死亡日」だけになっていることもあります。

では、断られた場合はどうすればよいのか。**過去帳は閲覧を求めるのではなく、先祖供養という理由で、お布施を用意し、過去帳の写しを作ってもらうように依頼するのが、一番よい方法です。**その際は、判明している限りの「名前と没年月日」は伝えるようにしましょう。

なお、菩提寺に過去帳の閲覧や写しを依頼する場合は、お墓の「墓守」（お墓の代表管理者）が直接菩提寺に赴く必要がある場合もあります。それが難しい場合は、墓守に「委任状」を書いてもらいます。

私の場合は、叔父の息子が墓守だったため、手紙で事情を伝えたうえで「永峰英太郎が過去帳の写しを入手することを許可する」と一筆書いてもらいました。

3-8

「戒名（法名）」の基本構成を理解する

戒名とは、仏様の世界における故人の新しい名前のこと。なお、浄土真宗では「法名」が授けられます。

戒名は「院号」「道号」「戒名」「位号」の4つの号で構成されるのが基本です。4つの号がすべて使われる場合もあれば、「道号」「戒名（法名）」「位号」、あるいは「戒名（法名）」「位号」のみの場合もあります。一方、浄土真宗は「釋＋法名」もしくは「院号」「釋＋法名」です。

このうち**「院号」**は、**社会や寺院への貢献度に応じてつけられる称号のことで、「○○院」と記されます。**「道号」は戒名を飾るもの。「位号」は戒名のランクを示すもので、一般的な順位があります（左ページ参照）。

いきなり世俗的な話になりますが、「院号」と「位号」をつけてもらうには、それなりの費用（お布施）がかかります。

道号や戒名には、苗字の1文字が入ることも

「道号」と「戒名（法名）」に入る文字は、基本的に2文字で、道号は、苗字や俗名、居住地などから1字取られることがあります。

戒名の基本構成

戒名の中には「院号」「道号」「戒名」「位号」のすべてや一部が入ります。
それぞれの意味を理解しておきましょう。

院号　もともと、天皇や貴人が出家したとき使用されるものでしたが、のちに一般人も使用するように。お布施がかかります。

道号　もともと、本名のほかにつける別名であり、生前のペンネームを使う人も。今は、故人の趣味や性格、特徴を表す漢字をつけるケースが多いようです。

戒名（法名）　道号のあとに続く。生前の俗名から1文字、仏様や経典から1文字取るのが基本。生前の職業から文字を選ぶケースもあります。

位号　戒名のランクを示す。次のような一般的な順位があります。
- 成人男性「大居士」→「居士」→「大禅定門」→「禅定門」→「清信士」→「信士」
- 成人女子「清大姉」→「大姉」→「大禅定尼」→「禅定尼」→「清信女」→「信女」

戒名（法名）は、俗名から1字取られるケースも少なくありません。

私の亡き母（勝子）は浄土真宗で、法名は「釋勝心」です。「勝子」の「勝」が入っています。

戒名（法名）は、過去帳のほか、墓石（80ページ参照）にも刻まれるケースが多く、先祖のルーツを追う際、戒名に俗名の文字の一部が入っていることは、大きなヒントになります。「釋勝心」と刻まれていれば、「永峰勝子」と結びつけることができるからです。

また「院号」や「位号」がある先祖については、「その時代に活躍した人」「裕福だった家系」と想像することもできるでしょう。

家系のルーツを追ううえでは、戒名も、大きな役割を担うのです。

3 - 9

実際に菩提寺から「過去帳の写し」を入手する

私の先祖の菩提寺は「東京都杉並区」にあります。築地にある寺社の分院の一つで、関東大震災後に設立されました。宗派は浄土真宗です。

私の先祖は、江戸時代以前は大阪に居住地があったと推察されますが、どんな経緯で、東京に菩提寺を設けたのかは不明です。

墓の代表管理者の委任状が必要なことも

私がこの寺院にある「過去帳の写し」をつくってもらおうと思ったとき、寺務所に過去帳の写しの入手は可能かどうかを聞きました。すると75ページで触れたように「お墓の代表管理者の委任状が必要です」と言われました。なお、小さい寺社の場合は、委任状が不要のケースも多いようです。

私は、管理者の名前は、親類から聞き出していました。お寺側は管理者の情報は、個人情報の観点から教えてくれないので、現時点で知らない場合は、親や親類に聞いておくようにしましょう。

過去帳と聞くと、仏具の一つのため、和本形式のものと想像しがちですが、私の菩提寺は、古いものは和本ですが、最近はデータ管理しているとのことでした。過去帳に記載されているのは「戒

筆者が菩提寺から得た「過去帳の写し」の一部

「過去帳の写し」で一番得たかった、戸籍からさらにさかのぼった先祖の名前は、得ることができませんでした。

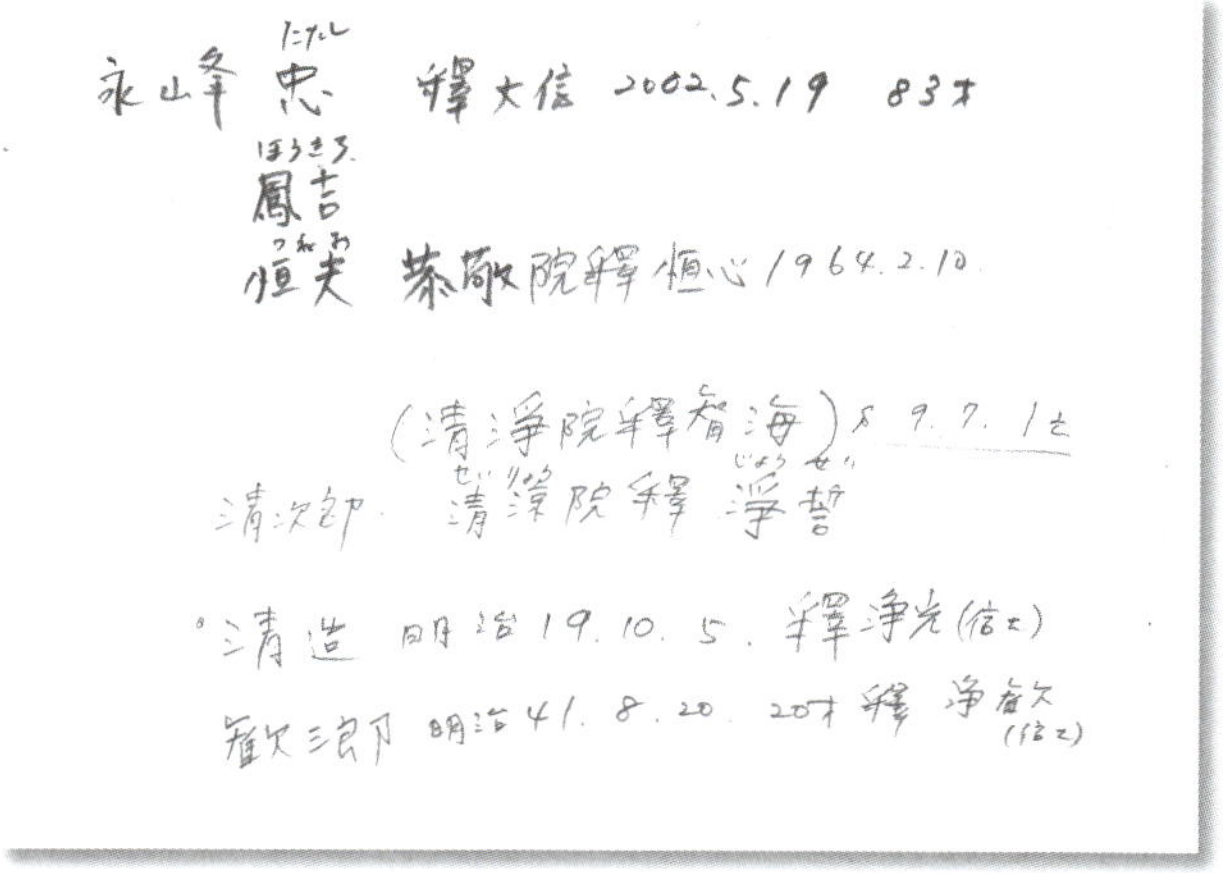
永峰忠《ただし》　釋大信　2002.5.19　83才
鳳吉《ほうきち》
恒夫《つねお》　恭敬院釋恒心　1964.2.10
（清浄院釋智海）S9.7.1亡
清次郎　清浄院釋浄誓
°清造　明治19.10.5.　釋浄光（信士）
歓次郎　明治41.8.20　20才　釋浄歓（信士）

名と本名、死亡年月日」でしたが、古い年代については、本名のないものも多いと説明されました。

また、私の菩提寺の過去帳は「家ごと」ではなく「すべての檀家ごと」でした。したがって、個人情報の観点から、過去帳の直接の閲覧は許可されませんでした。**寺務所の方が、紙に書き出す形で、過去帳の写しをもらいました**（上記参照）。

6代以前の名前を得ることはできず

一番の収穫は、3代前の永峰清次郎、4代前の永峰清造の名前があったことです。ただ、5代前の永峰嘉右衛門の名前や6代以前の名前は記載されていませんでした。私のケースでは、過去帳から、さらに昔の先祖の名前を見出すということは、残念ながら叶いませんでした。

3-10

お墓の所在を確認し、墓石調査をする

菩提寺が判明したら、お墓を確認します。過去帳の写しを作成してもらえるかは菩提寺次第ですが、お墓が先祖代々のものであれば、手を合わすことを否定されることはありません。

お墓は菩提寺の境内にあることが多いのですが、地方の場合は、地元の共同墓地にあったり、「屋敷墓」などといって、屋敷の裏山や田んぼの畔《あぜ》、林などにあることもあります。不明であれば、親族や住職に聞いてみましょう。

お墓は、墓石に刻まれている情報をチェックします。墓石には「戒名（法名）」「命日」「享年」、場合によっては「俗名」が記載されています。

命日と享年から先祖が判明

左ページの写真は、永峰家の墓石です。俗名はないのですが、命日と享年から、戸籍に記載されていた何人かの先祖の存在が明らかになりました。一方で、延享や宝暦時代の戒名はありましたが、過去帳には、その名前は無く、人物の特定はできませんでした。ただし「永峰家のほかの先祖がいる」事実は明らかになりました。これも先祖のルーツを探すうえで、大きな前進といえます。

永峰清次郎
永峰清三郎
永峰貞（孝雄の妻）
不明（宝暦）
不明（宝暦）
不明（延享3年）
永峰清造
永峰こま（清造の妻）
永峰勘三郎

コラム

江戸時代の「元号」の西暦を知ろう!

江戸から明治時代に生きた先祖を調査する際、かなり戸惑うのが「江戸時代の元号名」です。例えば、私の父方の3代前の「永峰清次郎」の生まれは「文久元年」ですが、西暦何年なのかは、ほとんどの人が分からないでしょう。

一番古い戸籍に載っている先祖の多くは、生まれは江戸時代末期です。そのためにも、江戸時代の元号が西暦にすると何年であるかは、しっかり把握しておきましょう。

下に挙げたのは、江戸時代後期の「天明」から「慶応」までの西暦です。家系のルーツを探る際、ぜひ参考にしてください。

元号名	期間(西暦)	天皇	将軍
天明	1781年 ～ 1789年	光格天皇	家治、家斉
寛政	1789年 ～ 1801年	光格天皇	家斉
享和	1801年 ～ 1804年	光格天皇	家斉
文化	1804年 ～ 1818年	光格天皇、仁孝天皇	家斉
文政	1818年 ～ 1830年	仁孝天皇	家斉
天保	1830年 ～ 1844年	仁孝天皇	家斉、家慶
弘化	1844年 ～ 1848年	仁孝天皇、孝明天皇	家慶
嘉永	1848年 ～ 1854年	孝明天皇	家慶、家定
安政	1854年 ～ 1860年	孝明天皇	家定、家茂
万延	1860年 ～ 1861年	孝明天皇	家茂
文久	1861年 ～ 1864年	孝明天皇	家茂
元治	1864年 ～ 1865年	孝明天皇	家茂
慶応	1865年 ～ 1868年	孝明天皇、明治天皇	慶喜

第4章

これまで判明した先祖の職業や身分を調べよう！

4-1 国会図書館デジタルコレクションを駆使する

先祖のルーツを追う作業は、何代前まで名前が判明するか、だけではありません。判明した先祖の**職業や住まい、身分などの人となりを調査するのも、醍醐味の一つです。**

この章では、先祖の「名前」や「本籍地」などが載っている文献を活用して、彼らの人となりを探っていきます。

全文検索サービスを徹底活用する

「でも、有名人でないと文献には載らないのでは?」と思うかもしれませんが、そんなことはありません。

例えば、私の曾祖父・永峰清次郎の妻・とみ(佃島出身)の父親は「神戸亀吉」といいます。無名の人ですが、彼のことが１９３２年発行の『弘道《こうどう》』という雑誌に出てくるのです。そこには当時勤めていた佃島の魚河岸でのちょっとしたエピソードが描かれています。たとえ無名だとしても、文献に載っている可能性はあるのです。

以前であれば、こうした「重箱の隅をつつく内容」を探し出すのは、ほぼ不可能でした。しかし今は「国会図書館デジタルコレクション」の全文

国会図書館デジタルコレクションの魅力

家系のルーツを追ううえで、必須のツールともいえるのが、このサービスです。先祖の名前を入力することで、何かしらの情報が得られるかもしれません。

① 誰でも無料で登録できる

国内在住であれば、オンラインで会員登録が可能です。国会図書館は千代田区永田町にあるので、都内近郊に住んでいれば、直接訪ねるのもいいでしょう。

② 資料の「全文検索」ができる

国会図書館が所蔵する約270万点の資料（図書や雑誌）の全文検索ができます。今現在も、その冊数は増え続けています。

③ 全文検索した資料が、ネットで閲覧できる

全文検索できる資料のうち、180万点は、自分のパソコンから閲覧できます。印刷やダウンロードも可能なケースも多くあります。

④ 資料の遠隔複写サービスの利用が可能

全文検索した資料で、自分のパソコンから閲覧不可の場合、郵送でコピーを依頼することもできます（できないものもあります）。

検索サービスのおかげで可能になりました。無料会員になれば、約２７０万点の資料（図書や雑誌）の全文検索ができるのです。このうち１８０万点は、自分のパソコンから閲覧することもできます。

前述の「神戸亀吉」の例でいえば、同コレクションにログインし、彼の名前を検索すると、30件がヒットしました。その大半は、無関係な人物と思われますが、一つだけ、彼の名前以外に「佃島」という記載があり、清次郎の妻の父だと推定できました。

なお、全文検索は可能ながら、閲覧は国会図書館の館内のみというケースもあります。この場合でも、一部資料については郵送による複写依頼（有料）ができます。

4-2 最寄りの図書館で調べる

国会図書館には在庫がなく、市区町村の図書館のみ取り扱っている資料もあります。また国会図書館に在庫があっても、読むには来館する必要があるケースもあります。例えば、5章で触れる『角川日本姓氏歴史人物大辞典』などです。このような場合は、最寄りの図書館を利用するのも、選択肢になります。

その際は、図書館が提供する各種サービスを徹底活用しましょう。**最近の図書館は、住所地の近隣の市区町村の図書館もカードが作成できるよう**になっています。私は神奈川県鎌倉市在住ですが、逗子・横須賀・三浦市・葉山町でも、本を借りたり、閲覧することが可能です。

「カーリル」で自宅から蔵書検索する

借りたい本があったら、まずは図書館蔵書検索サイト「カーリル」で調べます。すると各図書館ごと、蔵書の有無を確認でき、予約もできます。

エリア外の図書館にしかない場合は、最寄りの図書館を通じて取り寄せる「相互貸借《たいしゃく》制度」を利用しましょう。借受けが可能な場合、申し込みをすると、最寄りの図書館から借りられます。

図書館の便利なサービス

図書館を利用する場合は、単に最寄りの図書館に足を運ぶだけではなく、便利なサービスを駆使していきましょう。

① 近隣市区町村の図書館も利用できる

最近は、住所地の図書館だけではなく、近隣の市区町村の図書館でも、カードを作成できるケースが増えています。

② 図書館の蔵書状況はネットでチェック

カーリルで検索すれば、各図書館の蔵書状況が簡単に分かります。予約もできるので、図書館を利用する際は必ず利用しましょう。

カーリル　https://calil.jp/

③図書館の相互貸借制度を使う

最寄りや近隣市区町村の図書館に探している本が所蔵されていない場合は、相互貸借制度を使って、遠方の図書館から借りられる可能性もあります。「郷土史」などを探す場合に有効です。

いろいろなサービスをうまく活用していきましょう！

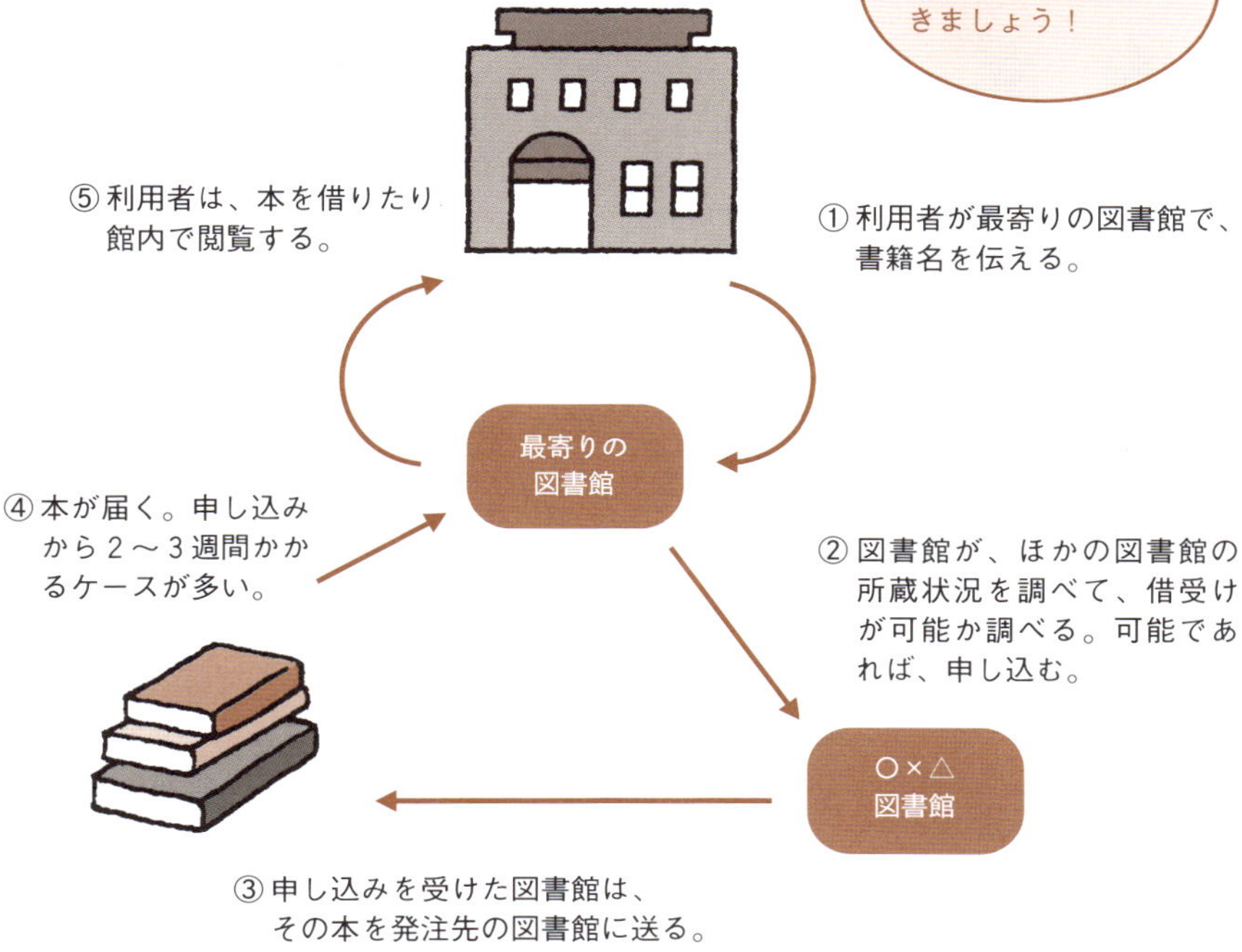
⑤利用者は、本を借りたり、館内で閲覧する。
①利用者が最寄りの図書館で、書籍名を伝える。
最寄りの図書館
④本が届く。申し込みから2～3週間かかるケースが多い。
②図書館が、ほかの図書館の所蔵状況を調べて、借受けが可能か調べる。可能であれば、申し込む。
○×△図書館
③申し込みを受けた図書館は、その本を発注先の図書館に送る。

4-3

図書館レファレンスサービスを使いこなす

国会図書館デジタルコレクションの全文検索で調べても、知りたい情報が得られなかったとします。このような場合に、活用したいのが「図書館レファレンスサービス」です。

レファレンスサービスとは、図書館が、資料や情報を求める利用者に対して、適切な文献の紹介をしてくれるというものです。「でも、個人的なお願いごとだから……」と、利用を躊躇する必要はありません。レファレンスサービスは、基本的な図書館のサービスの一つなのです。

先祖のルーツを追ううえでは、先祖の本籍地に関わる資料の収集は必要不可欠ですが、レファレンスサービスは、基本的に、どの図書館でも実施しており、住所地の図書館以外でも受け付けてくれるところが多いのです。その点で、先祖のルーツ探しにおいて、利用価値は高いといえます。

複写サービスを行っている図書館は少数

レファレンスサービスを利用するには、直接カウンターで相談してもよいですし、電話やFAX、郵便、最近ではメールでも可能な図書館も増えています。しかしメールは、その図書館の利用

図書館レファレンスサービスで調べてもらえること

レファレンスサービスは、基本的な図書館のサービスの一つです。積極的に活用しましょう。おもに調査してもらえることは、次のとおりです。

① 資料の所蔵状況
自分の探している本が、その図書館に所蔵されているかの調査依頼。無かった場合は、全国の図書館の所蔵を調べてくれます。

② 特定の書籍に先祖のことが載っているか
郷土誌などに、先祖の名前があるかをチェックしたいとき、レファレンスサービスの出番です。該当ページも教えてくれます。

③ あるテーマについて、どんな資料があるか
「満州の戦争時の歴史」など、一つのテーマに対して、どんな資料があるかの調査依頼ができます。

④ 住民の数など事実事項
「台東区の昭和初期の商人の数」など、特定の事柄に関する事実について、エビデンスのある資料を提供してくれます。

者のみ可能というケースが多いです。

紹介してもらった資料の複写は、基本的には足を運んでコピーを取る必要があります。コピーの郵送サービスを行っている図書館は、少数です。時には、現地に行くのもよいかと思います。

レファレンスサービスは、さまざまな要望に応えてくれます。

冒頭で挙げたような事実事項調査はもちろん、「この本は所蔵している？」といった所蔵調査、あるテーマに対してどのような資料があるかを調べてもらう資料案内調査も可能です。もっといえば、「〇〇という郷土誌に先祖の名前が載っているか？」といった質問もＯＫです。

資料が探せないときに、レファレンスサービスは、あなたの救世主になってくれるのです。

4-4

新聞記事は「オンラインデータベース」で探す

先祖のルーツを追ううえでは、書籍だけではなく、新聞もチェックしましょう。先祖が新聞に取り上げられるような活躍をしていた場合、記事になっている可能性があります。

では、どこで新聞のバックナンバーを閲覧できるかといえば、それは図書館です。

図書館と聞くと、数週間分の新聞が閲覧できる新聞コーナーをイメージするかもしれませんが、じつは、バックナンバーが充実している図書館も多くあります。オススメは国会図書館と都道府県立図書館です。

チェックすべき新聞は、朝日新聞、読売新聞、毎日新聞といった大手新聞社のほか、その地方で購読者の多い地元紙です。福井県であれば福井新聞、宮城県であれば河北新報、愛知県であれば中日新聞といった具合です。

データベースなら全文検索ができる

図書館での、新聞記事の探し方は、おもに3つあります。「新聞（原紙）」「縮刷版・マイクロフィルム」「オンラインデータベース」です。

先祖のルーツを追うには、検索できることが条

大手新聞社のデータベースの内容

大手新聞社の多くが専用のデータベースをつくっていて、図書館などに提供しています。なんといっても、全文検索できるのが強みです。

① 朝日新聞クロスサーチ（朝日新聞）

「朝日新聞縮刷版紙面データベース 1879～1999」…… 紙面イメージを、日付、見出し、キーワードなどで検索可。号外、広告も検索可。

② ヨミダス歴史館（読売新聞）

「明治・大正・昭和記事検索」……1874年の創刊号から1989年までの紙面イメージを収録している。

③ 毎索（毎日新聞）

記事検索 ……1872年の創刊号から現在までの記事を、日付・キーワードで検索可。

件になります。それが可能なのがデータベースです。大きめの図書館では、新聞社提供の専用データベースを備え付けていて、記事検索ができます。具体的には「朝日新聞クロスサーチ」（朝日新聞）、「ヨミダス歴史館」（読売新聞）、「毎索」（毎日新聞）などです。

例えば「朝日新聞クロスサーチ」では、明治12年（1879）の創刊から平成11年（1999）までの紙面イメージ、見出し、キーワードなどで検索できます。広告も検索可能です。読売新聞や毎日新聞も、明治期から調べることができます。

一方、地方紙については、データベースがある場合でも、古い時代のものは検索が難しいといえます。河北新報は1991年以降、中日新聞は1987年以降です。

4-5

先祖の「名前」から身分を調べる

それでは、ここからは先祖の人となりを実際に追っていきます。まずは身分です。

江戸時代の人口は、約3000万人で、このうち農民の割合は約85%を占めていました。2位は武士の約7%、3位は町人の約5%です。農民が圧倒的ですが、それでも武士はそれなりにいたのです。

「自分の先祖は武士だったのかも!?」と、心が躍りませんか？　自分の先祖が武士なのか、それとも農民なのか、その身分の見きわめ方をレクチャーします。

まずチェックしたいのが、戸籍に載っている江戸時代に生まれた先祖の「名前」です。

江戸時代は、武士の名前と農民の名前は、かなりはっきりと分かれていました。

武士っぽい名前かをチェック

今では「差別だろ！」と批判されそうですが、当時は、農民や町人が、武士っぽい名前をつけることは許されませんでした。

では、**「武士っぽい名前」とは、どんなものなのでしょうか。目安となるのが、歴史上の武士の**

江戸時代の武士や農民の比率

江戸時代は、農民の比率が約85%と圧倒的でした。一方、武士も約７%いました。先祖の中には、武士がいる可能性もあるのです。

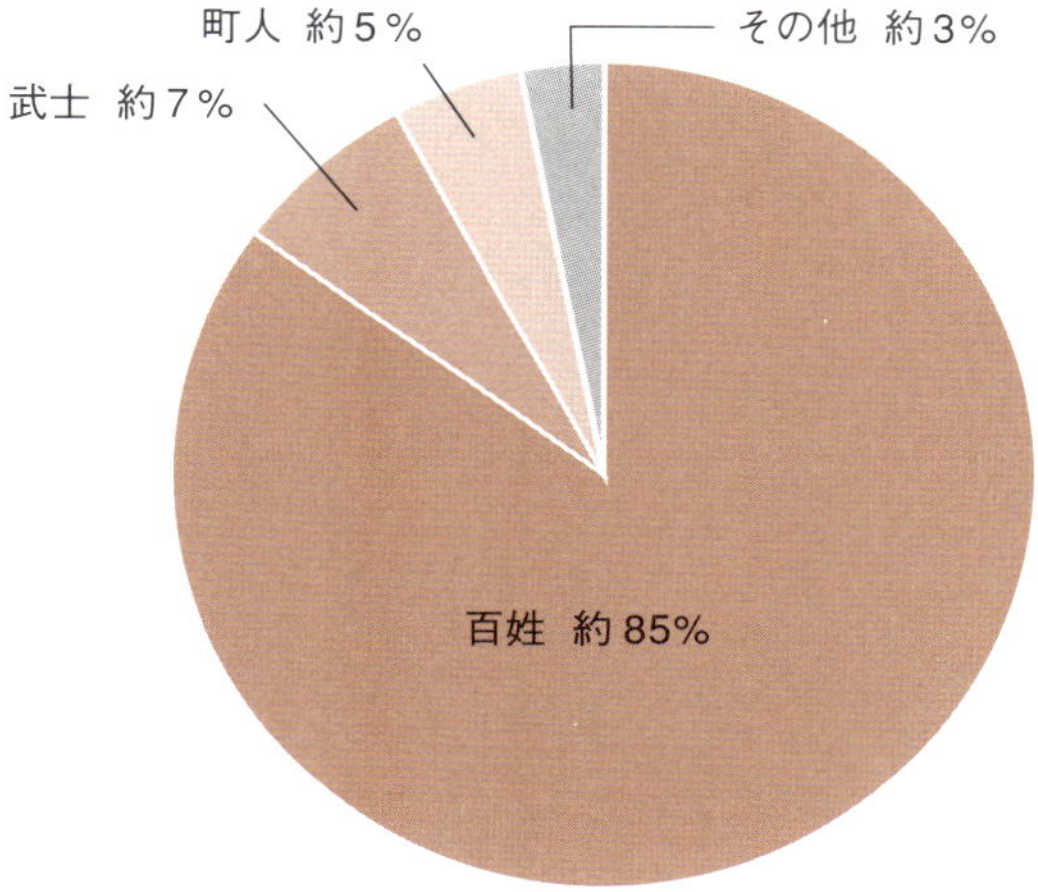
町人 約５%
その他 約３%
武士 約７%
百姓 約85%

江戸時代、武士や町人は少なかったんですね！

名前です。例えば「織田信長」「島津重豪」といった名前。信長や重豪、武士っぽいですよね。

農民は出生順を示す名前が多い

一方、農民っぽい名前とは、どんなものでしょうか。

『日本人の名前の歴史』（吉川弘文館）という本によると、江戸時代に入ると、一般庶民は、律令制官職名由来の名前が多くなり、特に「〜左衛門」「〜右衛門」「〜兵衛」の3つの型が多くなったと書かれています。また『日本人の姓・苗字・名前』（吉川弘文館）には、「八郎丸」「次郎」「三郎」といった、出生順を示す名の比率も高まったとあります。

なるほど、江戸時代（1861年）に生まれた私の3代前の「永峰清次郎」は、出生順といえる「次」とあります。また、5代前の「永峰嘉右衛門」（68ページ参照）は、まさに「〜右衛門」型です。この点から、私の2人の先祖は、武士ではなかったと推察できます。

ただし、名前だけで、必ずしも武士か農民かが判明するわけではありません。武士は「実名」と「通称（仮名）」という2つの名前を持っていたからです。

武士には実名と通称があった

実名は「諱《いみな》」ともいい、殿様の面前などフォーマルな場で使う名前でした。通称は、日常生活の中で使用する名前のことで、農民の名前と区別がつきにくい側面があります。実名は、いかにも武士っぽい雰囲気の名前で、通称は、庶民とあまり変わらない名前が多かったのです。

例えば「織田信長」の「信長」は実名で、通称は「三郎」です。

問題となるのは、明治時代に入り戸籍制度ができたとき、武士は通称と実名のどちらかを選んで登録したことです。実名で登録したのであれば、武士だと分かりやすいですが、通称だと農民と判断してしまう可能性が高いのです。

住んでいた地から武士かをチェック

自分の先祖が武士かどうかは「住んでいた地」からも推察できます。

武士が多く住んだ城下町なのか、農村か、漁村か？ その地の藩は？などをチェックします。

先祖が武士かどうかのチェック方法

自分の先祖は、はたして武士なのか、あるいは農民なのか。「名前」と「本籍地」から探るのが鉄則です。

（名前をチェック） 一番古い戸籍に載っている、江戸時代に生まれた先祖の「名前」を確認します。

↓

POINT！

- 武士っぽい名前を探す
- 歴史上の武士の名前に似ているか？
- 「〜左衛門」「〜右衛門」「〜兵衛」は農民の可能性

（本籍地をチェック） 住んでいる地域によって、農民が多いのか、武士が多いのか、などが分かります。

↓

POINT！

- 城下町は武士が多い可能性がある
- 農村や漁村は農民が多い
- その地の藩の存在を確認する

使用する文献は、『角川日本地名大辞典』（全51巻、角川書店）、『日本歴史地名体系』（全50巻、平凡社）になります（124ページ参照）。

江戸には農民も多く住んでいた

ちなみに、幕府のあった「江戸」は、イメージとしては武士が多そうですが、農地の割合は47％、武家地が34％、町人地が9％でした。農民が多く住んでいたのです。

実際に武士だったと推定できる事例を紹介します。本書の監修者（渡辺宗貴氏）の先祖の戸籍に「斉藤利成」とあります（97ページ参照）。江戸末期に生まれた人物ですが、この名前は、どこか武士っぽさがあります。この人物は、戸籍を見ると秋田県の能代港町御指南町出身のようです。

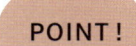

地名辞典を見ると「御指南町」は、かつては「新御足軽町」という、下級の藩士が住んでいた地名であることが分かりました。このことから「利成氏は、もしかしたら足軽だった？」と、まずは想定できます。

武士の名前は『分限帳』でチェック

また、地名辞典には、この土地には「黒石藩」の藩士が住んでいたと書かれています。藩の記録を調べてみます。国会図書館デジタルコレクションに『津軽黒石藩史』という本がありました。

江戸時代に300以上あった藩では、藩士の名簿をつくっていました。これを「分限帳《ぶんげんちょう》」といいます。江戸時代の武士の名前を調べる際は、この名簿をチェックすることが、鉄則になります。

『津軽黒石藩史』にも分限帳の記述はありましたが、ここには「斉藤利成」という名前はありませんでした。これは足軽という下級の藩士だったため記録に残らなかったのかもしれません。

一方で「斉藤庄太郎」という名前はありました。もしかしたら、利成氏の実名は「庄太郎」で、こちらを登録していたのかもしれません。

さらに『能代の歴史』という本も調べてみると「能代港町の歴史」というページに「書記・斉藤利成」という人がいました。年代的におそらく同一人物ではないかと、推察できます。

皆さんも、戸籍を見て「武士っぽい」と感じたら、ここで紹介した段取りで、その人物が武士であるのか、あるいは農民であるのか、チェックしてみましょう。

先祖が武士かどうか、実際の探り方

本書の監修者の戸籍にあった「斉藤利成」から、彼が武士だったのかを、実際に探っていくことにします。

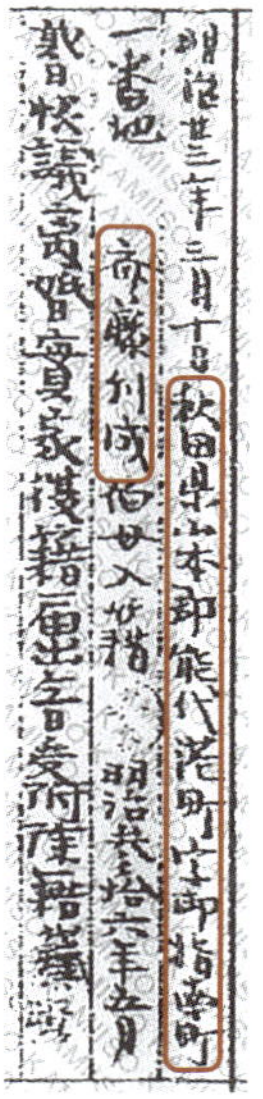
明治廿三年三月十日秋田県山本郡能代港町字御指南町

一番地 斎藤利成

①名前と本籍地をチェック

監修者の先祖の古い戸籍から「利成」という武士っぽい名前を発見。本籍地は「能代港町字御指南町」となっています。

②地名辞典をチェック

能代港町字御指南町

判明したこと

- かつては「御足軽町」だった
- 下級の藩士が住んでいた
- 黒石藩の管轄

③黒石藩史をチェック

斉藤利成が武士として実在していたのかを調べます。図書館で「藩史」を調べるのが一番です。本籍地の図書館にある場合もあります。『津軽黒石藩史』に「斉藤庄太郎」の記述がありました。もしかしたら利成の実名かもしれません。出典：『津軽黒石藩史』（国会図書館所蔵）

斉藤庄太郎（弐拾六才）

④「能代の歴史」チェック

さらに調査を続けます。国会図書館デジタルコレクションで『能代の歴史』を発見。「能代港町の歴史」というページに「書記・斉藤利成」とありました。地名と名前が一致しました。

出典：『図説能代の歴史 下巻』（国会図書館所蔵）

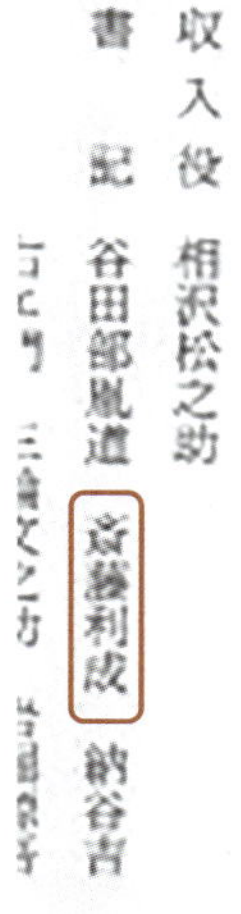
収入役 相沢松之助

書記 谷田部胤道 斎藤利成 納谷吉

地名辞典や藩史などから、
この人物は武士だったと
判断できます！

4-6

自分の先祖の職業などを探る

戸籍から判明した先祖の職業や身分などを追ううえで、「国会図書館デジタルコレクション」や新聞などを活用していきますが、実際にどんな情報が得られるのか、私の曾祖父・永峰清次郎で調べてみましょう。

名前で検索すれば、ヒットする可能性大

まずは「国会図書館デジタルコレクション」です。検索すると41件ヒット。特に有益だったのが、『実業の日本』（1916年）でした（左ページ参照）。彼の立志伝が写真とともに掲載されていました。

具体的には「大阪出身」「父親は大工の棟梁」「13歳で糸屋に奉公」「21歳で上京」「日本橋の鼈《べっ》甲《こう》生地屋で丁稚奉公」「櫛《くし》職人」「セルロイド玩具を開発」といった記載がありました。

同書は、ネット上での閲覧は不可でした。私は国会図書館に出向き、複写（有料）をしてもらいました。遠隔での複写サービスもOKでした。

ほかの文献では、『東商』（1954年発行）に、清次郎が「永峰セルロイド工業株式会社」の経営者であることなどが載っていました。

「永峰清次郎」を徹底検索

私の曾祖父・永峰清次郎の名前を、さまざまなツールを使って検索してみました。すると、有益な情報がたくさん集まりました。皆さんの先祖でも調べてみましょう。

① 国会図書館デジタルコレクションから入手

41件のヒットがありました。検索結果のサムネを見ると「セルロイド」「玩具」「浅草区蔵前」などの文字が並びました。情報量が多かったのが『実業の日本』（1916年）でした。

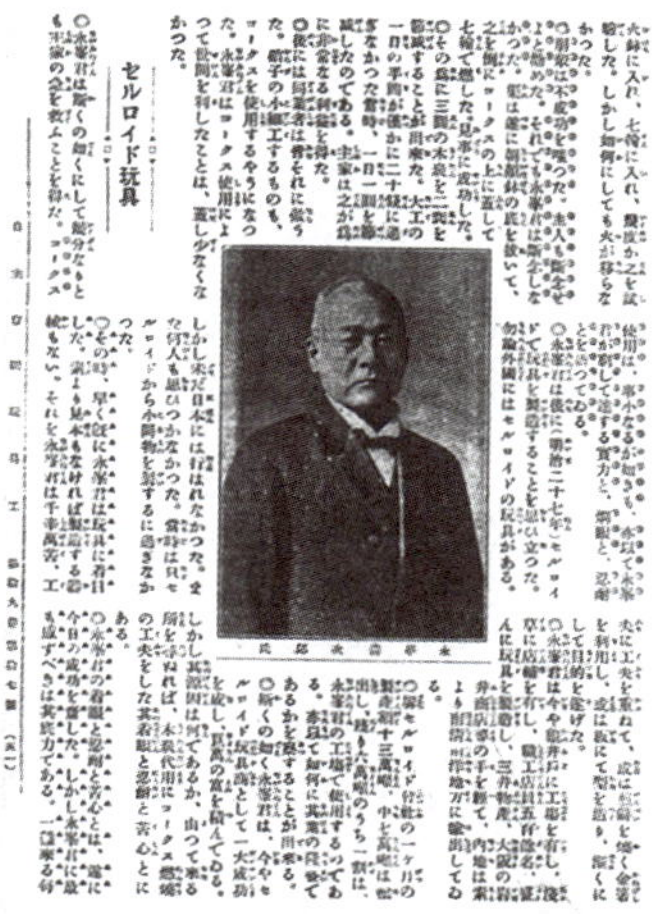

大鉢に入れ、七輪に入れ、幾度か之を試験した。しかし如何にしても火が移らなかつた。

○明治は不成功を喫つた。本人も断念せよと勧めた。それでも永峯君は断念しなかつた。然は遂に鋼鉄鉢の底を抜いて、之を倒にコークスの上に置して七輪で燃した。見事に成功した。

○その為に三個の木炭を二銭を節減することが出来た。大工の一日の手間が僅かに二十銭に過ぎなかつた當時、一日一銭を節減したのである。主家は之が為に非常なる利益を得た。

○後には同業者は皆それに倣つた。硝子の小細工するものも、コークスを使用するやうになつた。永峯君はコークス使用によつて世間を利したことは、蓋し少なくなかつた。

セルロイド玩具

○永峯君は斯くの如くにして幾分なりとも国家の金を救ふことを得た。コークス使用は、事小なるが如きも、以て永峯君が常に卓して達する實力と、熱誠と、忍耐とを語つてゐる。

○永峯君は後に（明治二十七年）セルロイドで玩具を製造することを思ひ立つた。勿論外國にはセルロイドの玩具がある。しかし未だ日本には行はれなかつた。全く何人も思ひつかなかつた。當時は只セルロイドから小間物を製するに過ぎなかつた。

○その時、早く既に永峯君は玩具に着目した。素より見本もなければ製造する器械もない。それを永峯君は千辛萬苦、工夫に工夫を重ねて、或は板鋳を造く金型を利用し、或は板にて型を造り、漸くにして目的を遂げた。

○永峯君は今や亀井戸に工場を有し、職工店員五百余名、浅草に店舗を有し、盛んに玩具を製造し、三井物産、大阪の岩井商店等の手を経て、内地は素より南洋、印度地方に輸出してゐる。

○同セルロイド材料の一ケ月の製産額十三萬噸、中七萬噸は輸出し、残り六萬噸のうち一割は、永峯君の工場で使用するのである。本邦で如何に其業の隆盛であるかを察することが出来る。

○斯くの如く永峯君は、今やセルロイド玩具商として一大成功を成し、巨萬の富を積んでゐる。しかし其原因は何であるか、由つて来る所を尋ねれば、木炭代用にコークス燃焼の工夫をした其着眼と忍耐と苦心とにある。

○永峯君の着眼と忍耐と苦心とは、遂に今日の成功を齎した。しかし永峯君に最も感ずべきは其實力である。

永峯清次郎氏

出典：『実業の日本』（国会図書館所蔵）

得られた情報

- 清次郎の顔写真
- 大阪出身で、父親は大工の棟梁
- 21歳で上京し、日本橋の鼈甲生地屋で丁稚奉公
- セルロイド玩具を開発

など

② 新聞（朝日新聞）から入手

朝日新聞クロスサーチでチェックすると、数件ヒット。その多くは、セルロイドの店を宣伝する自社広告でした。大正６年8月22日付の「永峰清次郎商店」の広告などです。

得られた情報

- 永峰清次郎商店という店名
- セルロイドの生地販売
- 店は「浅草区蔵前片町７番地」にあったことなど

朝日新聞だけでなく、
読売新聞にも大正期
の記事がありました！

続いて「新聞」をチェックします。**朝日新聞クロスサーチで調べると、数件ヒット。**多くは自社広告で、**その一つは大正6年8月22日付の「永峰清次郎商店」の広告がありました。**

親類からの情報（手記や日記など）を得ている場合は、そこに先祖のことが分かる記述がないかチェックします。私の場合は永峰化成工業社長・永峰兼松の「手記」を入手でき、そこにも「永峰清次郎の功績」が書かれていました。

グーグル検索も必ずしてみる

グーグル検索もしてみましょう。「永峰清次郎」で検索すると、何件かヒットし、その中に、清次郎の功績について触れている「セルロイドサロン」というセルロイドの研究機関がありました。

そのサロンを訪ねると、「東京セルロイド月報」という冊子のコピーをもらえました。そこには永峰のセルロイド工場の写真が載っていました。

これらの情報から分かったことは、私の曾祖父・永峰清次郎は、セルロイド玩具を発明した人物だったという事実でした。ピンポン玉の発明者でもありました。さらに、その後は、セルロイドの工場もつくり、会社組織で運営していたこと、清次郎の子ども（清太郎、兼松、孝雄）も、運営に関わっていたことなどが判明しました。

私の幼少期、母は、私が失敗をすると「あなたのひい爺ちゃんは偉い人だったのよ。あなたもできるはずなの」と言っていたものですが、今回の調査で、母の言葉に合点がいきました。皆さんも、自分の先祖の職業などを探ってみましょう！

③ グーグル検索経由で入手

グーグル検索で先祖の名前を入力することで、思いがけない情報を得られるケースもあります。私は曾祖父について触れている「セルロイドサロン」という研究機関を見つけ、アポイントを取って、さまざまな資料をもらいました。

得られた情報

- セルロイド工場の全容写真
- 永峰清次郎の似顔絵
- 永峰清次郎の功績
  など

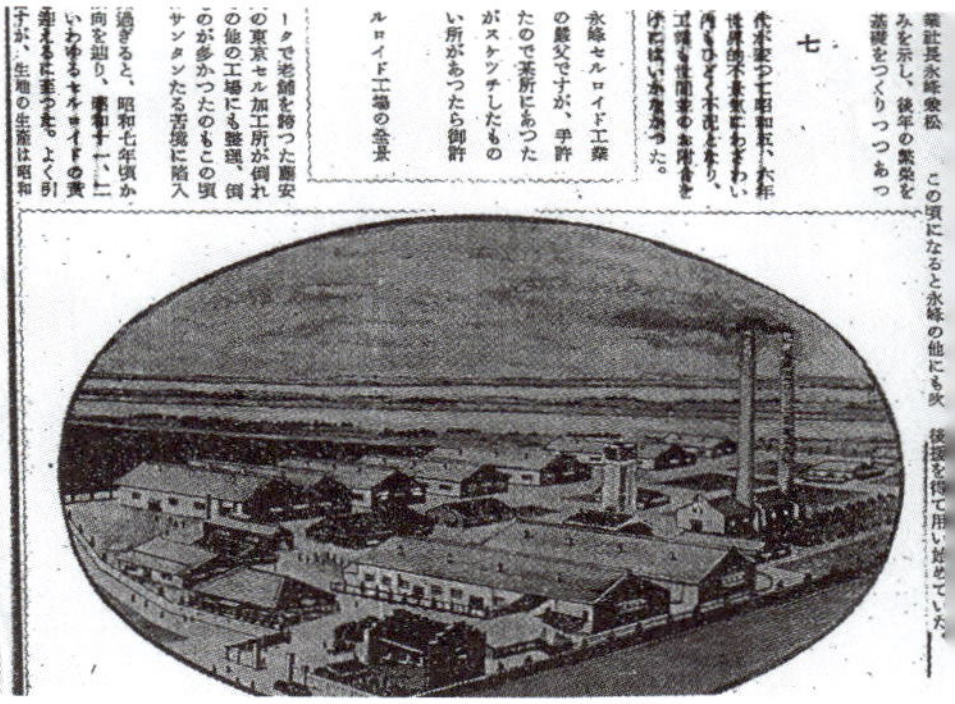

業社長永峰兼松
みを示し、後年の繁栄を
基礎をつくりつつあっ
七
永峰セルロイド工業の厳父ですが、手許
たので薬所にあった
がスケッチしたもの
い所があったら御許
ルロイド工場の全景
ータで老舗を誇った勝安
の東京セル加工所が倒れ
の他の工場にも整理、倒
のが多かったのもこの頃
サンタンたる苦境に陥入
過ぎると、昭和七年頃か
向を辿り、昭和十一、二
いわゆるセルロイドの黄
迎えるに至った。よく引
すが、生地の生産は昭和
この頃になると永峰の他にも次
技術を得て用い始めていた

④ 親類から資料を入手

親類が先祖の情報を持っている可能性があります。法事などの集まりは聞くチャンスです。親類は年々減っていくので、躊躇しないことです。私は清次郎の二男・兼松の手記などを得ることができました。

得られた情報

- セルロイドの輸出玩具が主流
- 大正６年に株式化
- 尾久（東京都荒川区）に3700坪の工場建設など

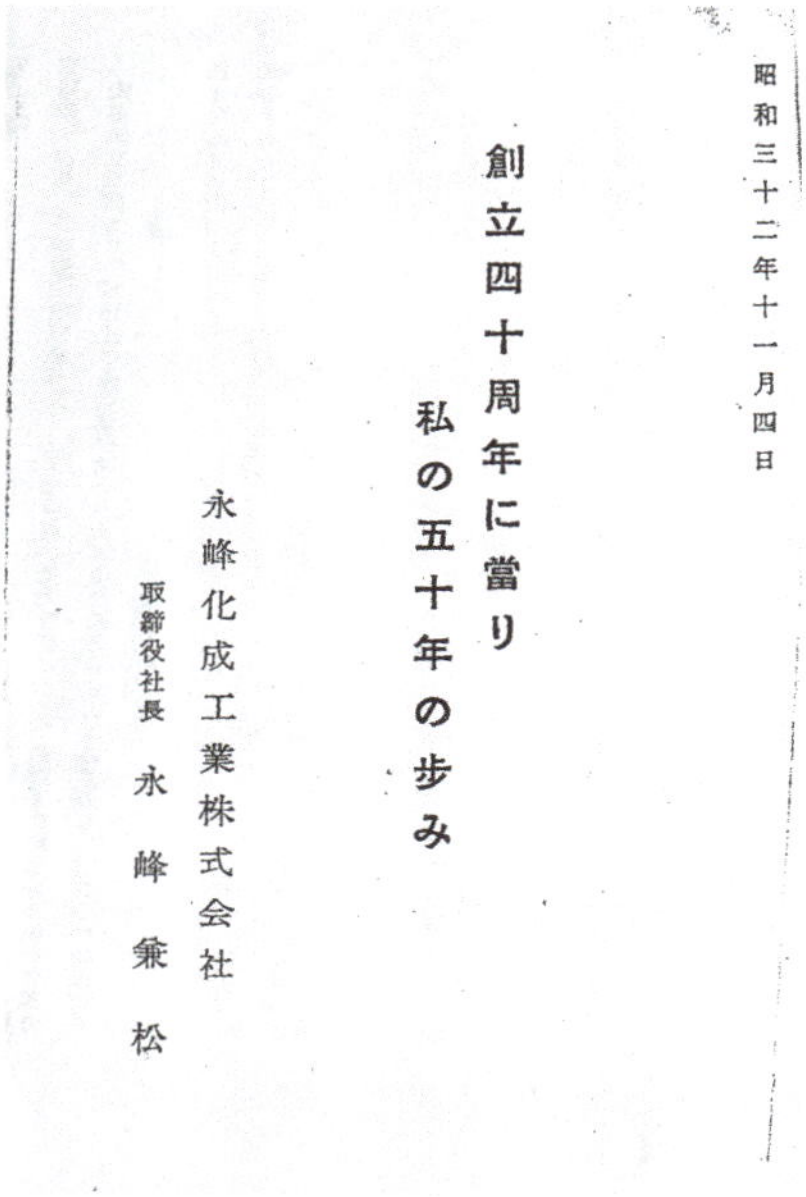

昭和三十二年十一月四日

創立四十周年に當り
私の五十年の歩み

永峰化成工業株式会社
取締役社長 永峰兼松

4-7

自分の先祖の本籍地(住所)を探る

先祖の戸籍を集めていくと、本籍地の変遷が分かります。本籍地の歴史を調べるのも、ルーツを追ううえで、とても大切な作業になります。

私の曾祖父・永峰清次郎の、最も古い戸籍の本籍地は「神田区(現・千代田区)神田材木町7番地」で、その後は、長く「浅草区(現・台東区)福富町6番地」(蔵前、鳥越など地名の変更はあり)にいました。清次郎の子・孝雄の本籍地も、同じです。

また、98ページで触れたように、セルロイドの店舗は「浅草区蔵前片町7番地」になります。

本籍地の歴史を知るために、まずは「昔の地図」を入手します。「国会図書館デジタルコレクション」「本籍地のある図書館」、あるいは、インターネットで「〇〇(市町村名)+地図+時代名(昭和、明治)」で検索するのもいいでしょう。

古い地図を入手して、先祖の生きざまを追う

例えば、水戸市立図書館では、明治から昭和初期の地図をデジタルアーカイブにまとめています。国会図書館リサーチ・ナビの「日本の地図」のリンク集も有効です(URLは下記参照)。

日本の地図リンク集 URL……https://ndlsearch.ndl.go.jp/rnavi/maps/post_546

先祖の本籍地の古地図をチェック

古地図は、思いのほか多く残されています。特に、東京や大阪などの都市部は細部まで詳しい地図を手に入れることができます。

本籍地　浅草区福富町六番地

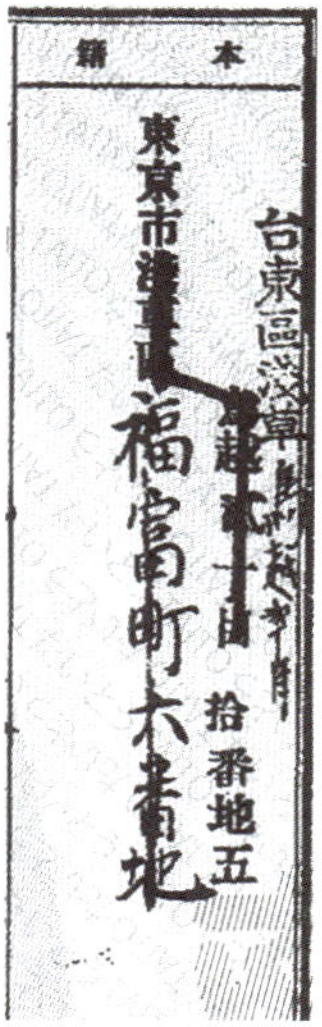
本籍
東京市浅草区福富町六番地

店舗　浅草区蔵前片町七番地

親類からもらった浅草区蔵前にあった永峰清次郎の店舗の写真。清次郎の葬儀のときの模様だと思われます。

大正６年の浅草区地図

台東区立図書館デジタルには、同区の地図が多数掲載されています。大正６年のこの地図は、まさに曾祖父が生きた時代です。

本籍地

福富町六番地。都電の走る道とは少しずれた場所にあったようです。それでも、ある程度は賑わいのあるエリアだったのでしょう。

店舗

蔵前片町七番地。都電が走る道の前に店舗がありました。自宅と店舗は近く、この界隈を曾祖父たちは行き来していたことが想像できます。

私は「浅草区＋地図＋大正」で検索した結果、「台東区立図書館デジタルアーカイブ」の「東京逓信局編纂　大正6年」にたどり着きました。

古地図を見て驚いたのは、自宅と店舗が近い場所にあったことです。そして、店舗は当時の都電が走る道路の前にありました。

現在、浅草区福富町6番地は、今の住所でいうと「台東区浅草橋3-27付近」になります。

なぜ先祖がその土地を選んだのかを探る

では、なぜ先祖は、この地を拠点にしたのでしょうか。

先祖が住んだ土地の歴史を追うことで、その理由が見えてくるかもしれません。使う資料は『角川日本地名大辞典』（角川書店）、『日本歴史地名体系』（平凡社）です（詳細は124ページ参照）。

『日本歴史地名体系』で、清次郎の最も古い本籍地である「神田区材木町」を調べると、「明治5年の戸数198、人口962、腹掛・股引・足袋・かんざしなどの職人がいた」との記載がありました。清次郎は「櫛職人」（98ページ参照）だったので、材木町を選んだのでしょう。

また、『角川日本地名～』で「浅草区」を調べると「南部の蔵前付近は小間物・セルロイド等の雑貨問屋が密集して商業区を形成」と書かれていました。曾祖父は「セルロイドを扱う以上、この地のほうが有利だ」と感じ、こちらに越してきたのだと想像できます。

先祖の本籍地が判明したら、その土地の所有者は誰だったのかも調べていきましょう。法務局に

古い本籍地が分かったらすべきこと

本籍地をつかんだら、思いつくまま調査をしてみましょう。なかでも、ここで挙げる２つのチェックは必須です。

① 旧土地台帳を取り寄せる

福富町の住所のあった地番の旧土地台帳には、所有者として「永峰」の名はありませんでした。ちなみに所有者の「安井治兵衛」は、「国会図書館デジタルコレクション」で検索すると「鳥越出身。多額納税議員資格者、土地管理経営者」と記されています。

② 本籍地の歴史を調査

なぜ、その土地に住んだのか、その謎をひも解くヒントの多くは地名辞典に載っています。曾祖父が「福富町」を選んだのは、当時、その地にセルロイド関連の店が多く集まっていたからでしょう。

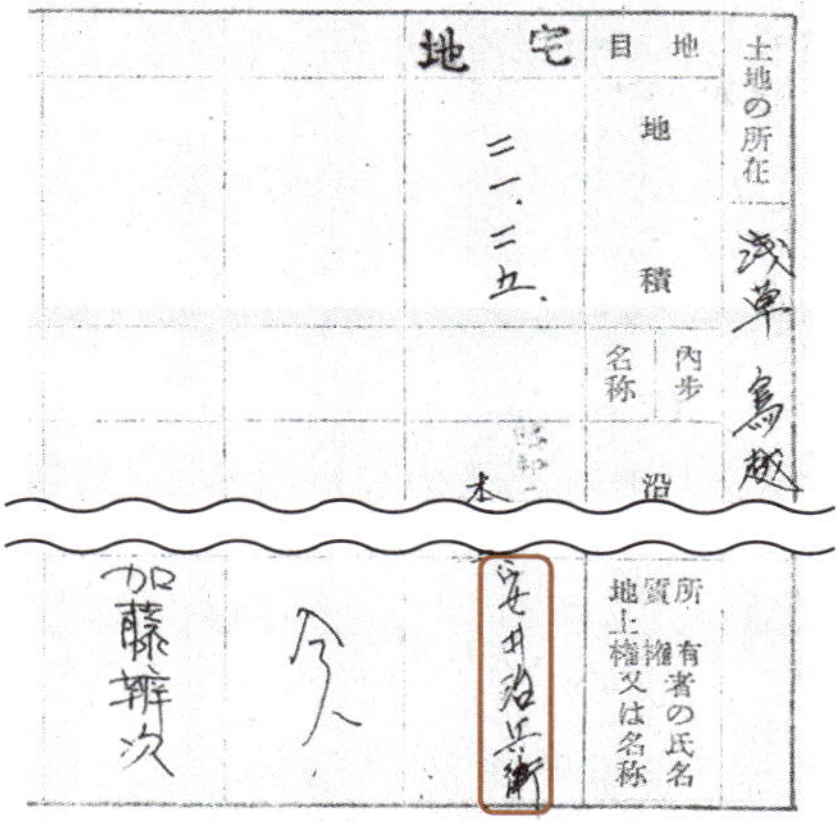

は、明治中期からの土地登記を記録した「旧土地台帳」が保管されています。この台帳は、その土地を管轄する法務局に郵送で請求することで入手できます。まず、「登記事項証明書交付申請書」を法務局のサイトからダウンロードし、調べたい土地の現在の住所を明記し、返信用封筒とともに送ることで、１週間程度で送ってもらえます。

土地台帳で、所有者をチェック

上段に載せたのが、旧土地台帳（一部抜粋）です。所有者の名前は別の人でした。曾祖父は家を借りていたのでしょう。

皆さんも、先祖の本籍地が判明したら、古い地図を探して、なぜそこに住んだのかを調査したり、旧土地台帳を取り寄せたりしてみましょう。

4-8

先祖が住んだエリアの痕跡をたどる

続いて、**先祖が住んだエリアの痕跡をたどってみましょう。当時の地図と、今の地図を照らし合わせながら、たどっていけば、楽しさ倍増**です。

まずは、先祖が住んでいた場所が、今はどうなっているかです。地名や道路の位置、住宅の区割りなどは変わっている可能性もあり、特定が難しいケースもあります。**ヒントになるのは神社仏閣です。**これらは不変のケースが多いからです。

私の先祖の本籍地「福富町6丁目」付近は、今は新たに道路があったりと、少々分かりづらかったのですが、近所の「稲荷神社」の場所が不変で、エリアの特定に役立ちました。

本籍地周辺を実際に散策してみる

場所の特定ができたら、実際に周囲を散策することをオススメします。「グーグルストリートビュー」で見て回ってもよいでしょう。

私の先祖の本籍地周辺は、マンションやビルが立ち並ぶ都会になっていましたが、昔の石碑があったり、昔の地名の表札が残されていたりと、往時をしのべるものも多くありました。

神社仏閣には、石柱などに寄進者の名前が刻ま

現在の地図と古い地図を見比べる

先祖の本籍地が、今どうなっているのか、昔のまま残っているものはあるのか、などをチェックしていきましょう。

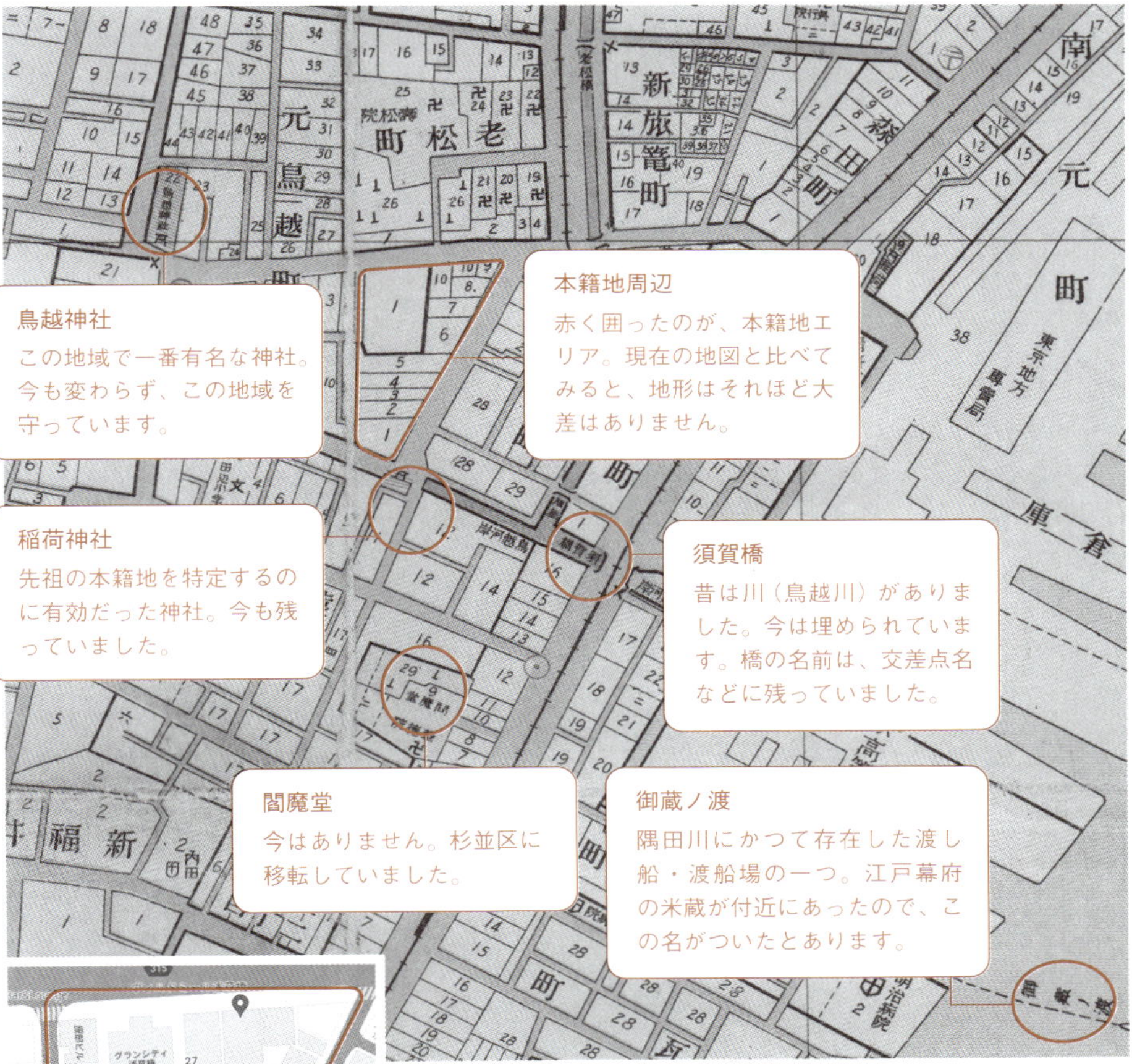

鳥越神社
この地域で一番有名な神社。今も変わらず、この地域を守っています。

本籍地周辺
赤く囲ったのが、本籍地エリア。現在の地図と比べてみると、地形はそれほど大差はありません。

稲荷神社
先祖の本籍地を特定するのに有効だった神社。今も残っていました。

須賀橋
昔は川（鳥越川）がありました。今は埋められています。橋の名前は、交差点名などに残っていました。

閻魔堂
今はありません。杉並区に移転していました。

御蔵ノ渡
隅田川にかつて存在した渡し船・渡船場の一つ。江戸幕府の米蔵が付近にあったので、この名がついたとあります。

現在の地図
住所でいえば、「台東区浅草橋３丁目 28番地付近」。ビルやマンションが立ち並んでいます。

れています。近くの神社仏閣で、先祖の名前がないかチェックしてみましょう。私は、地域で一番有名な鳥越神社に行きました。そこには多くの寄進者の名前があり、一つひとつ確認していきましたが、残念ながらありませんでした。

しかし「ない」という事実も、先祖が「寄進しなかった」ことが判明したわけです。

昔の地名が交差点名などに残っている？

昔の地名や構造物名にも注目です。今は消滅していても、バス停や交差点名として残っていることもあります。私の先祖の家の近くには、鳥越川があり「須賀橋《すがばし》」がかかっていましたが、今は川も埋められてありません。しかし、交番名や交差点名として残っていました。**気になる名称があったら、「グーグル」や「国会図書館デジタルコレクション」で調べてみましょう。**

例えば「閻魔堂」（前ページ参照）は、グーグル検索すると「寺が商店街の中にあり、閻魔詣が盛んで、特に1月と7月の本尊会には多くの出店が並び参詣客が絶えないほど」と書かれています。

また、昔の地図には「御蔵の渡」という文字が見えます。調べてみると「大川富士見渡」（小林清親）という絵が残されていました。この渡しは、蔵前橋の完成でお役御免になったそうです。

こうして、先祖の本籍地周辺を探っていくことで、さまざまな情報を得ることができます。その一つひとつについて「先祖はどのように関わったのだろう？」と想像することで、会ったことのない先祖に近づけた気持ちになるはずです。

先祖の本籍地を把握したら、その痕跡をたどる

先祖の本籍地が分かったら、ただ現場に行くだけではなく、さまざまな方法で、先祖の痕跡をたどってみましょう。

Check!

神社仏閣の寄贈者のチェック

先祖の名前が残っている可能性があるのが、石碑などに刻まれている寄贈者の名前です。一つひとつ確認していきましょう。ワクワクする作業ですよ。

Check!

昔の地名は残っているか？

構造物や地名で、今は無くなってしまっているものも、交差点や交番、バス停などで、名前が残っていることも。「須賀橋」は交番の名前になっていました。

Check!

文献は残っているか？

「国会図書館デジタルコレクション」で「御蔵の渡」を検索すると、「大川富士見渡」（小林清親、明治13年）の絵が出ました。富士山がきれいで「富士見渡」とも呼ばれていたそうです。国会図書館所蔵

4-9 戸籍の「サブキャラ」にも注意を払う

戸籍には、さまざまな人物の名前が載っています。戸主（筆頭者）の家族以外にも妻の両親や、古い戸籍だと、二男の妻の両親、孫の名前なども知ることができます。

「国会図書館デジタルコレクション」の全文検索サービスの充実で、そうした人物の人となりも知ることができるようになりました。

永峰清次郎の二男・兼松の妻・うめの父親の名前は「関口彌兵衛」といい、住所は「日本橋区高砂町」です。検索したところ、183件ヒットしました。大半は無関係の人物でしたが、数件で住所と名前が一致しました。彼は「工業用刷毛」の会社の9代目で、かなり名の知れた人物でした。

母の父親の記載を発見

私の母の父親である「内田房吉」は、検索で多数ヒットしましたが、一つだけ本人と思われる記載がありました。1940年発行の『満鐵社員會機關誌』に、『満州鉄道唱歌』を唄ったとあります。彼は満州にいました。間違いないと思います。

サブキャラにも目を配ると、思いもよらない先祖たちの情報が入手できるかもしれませんよ。

戸籍に載っているさまざまな名前を調べる

先祖の戸籍を入手したら、そこに載っている人名のすべてを調べてみましょう。思いがけない人物がいるかもしれません。

関口彌兵衛

永峰清次郎の二男（兼松）の妻（うめ）の父親の名前。工業用刷毛の商店の９代目で、かなり著名な人物だったことが判明しました。

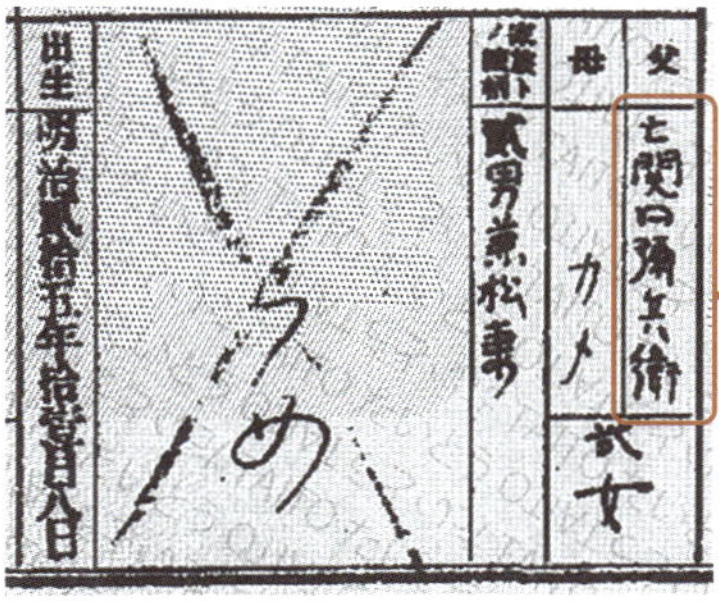
父
七 関口彌兵衛
母
カメ
貳女
貳男兼松妻
うめ

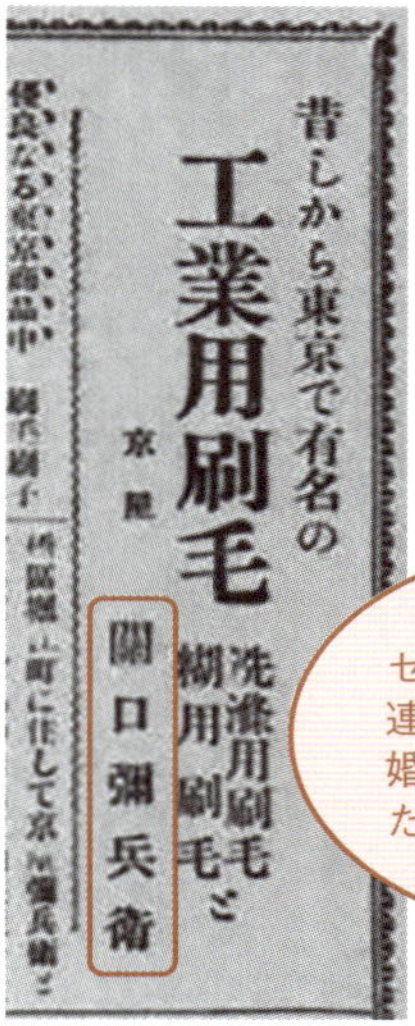
昔しから東京で有名の
工業用刷毛
洗濯用刷毛と
糊用刷毛
関口彌兵衛

出典：『日本優良商品文庫』（大正 10 年、国会図書館所蔵）

セルロイドと刷毛は、関連性がありそう。この結婚には、何か意図があったのかもしれません。

内田房吉

筆者の母（勝子）の父。母は満州生まれ。その満州で、房吉は吹奏楽をやっていたようです。戦後、命からがらで帰国したと、母は述懐していました。

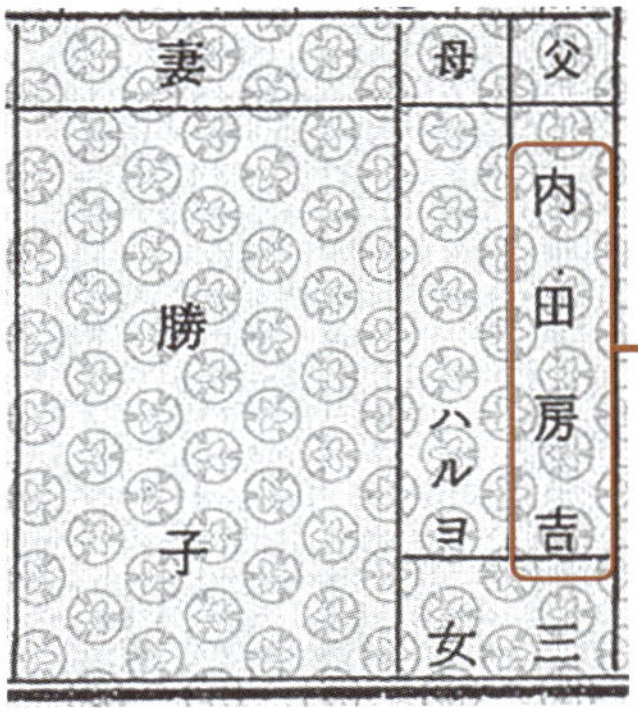
父
内田房吉
母
ハルヨ
三女
妻
勝子

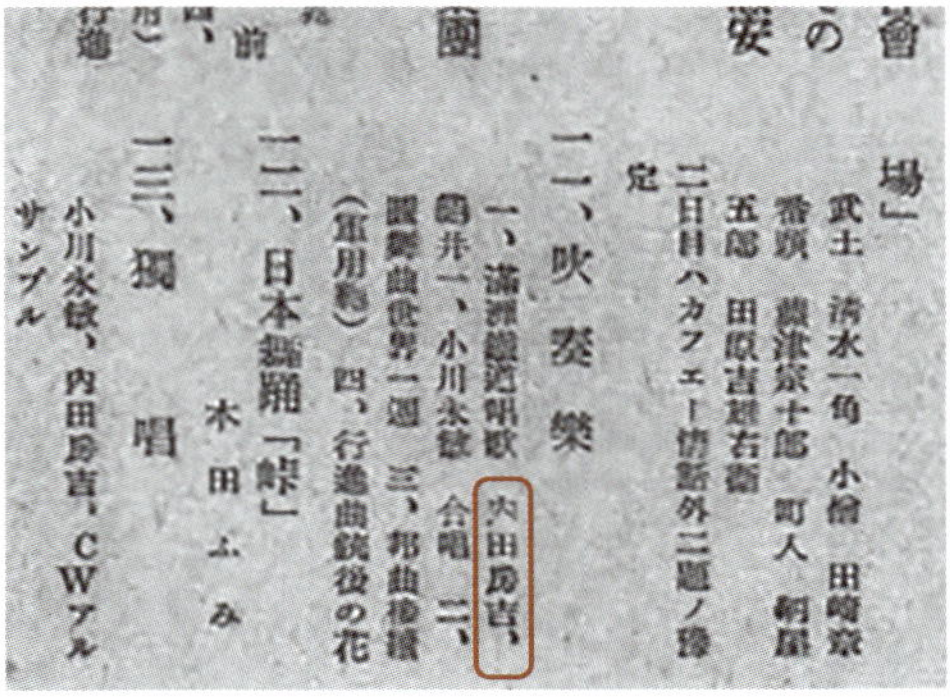
二、吹奏楽
内田房吉、
三、獨唱
内田房吉、

出典：『満鐵社員會機關誌』（国会図書館所蔵）

コラム

『大日本職業別明細図』で、昔の店舗などをチェック！

戦前の先祖が、商売人だった場合、ぜひチェックしてもらいたいのが、『大日本職業別明細図』（東京交通社）です。個別の商店名や会社名が記載された戦前の都市案内地図で、東京都はもちろん、神奈川県や千葉県、岐阜県など、ほとんどの都道府県の主要地を網羅しています。

現在、郷土史や商業史などの研究に使われており、**「国会図書館デジタルコレクション」で公開されています。**

下図は「神奈川県茅ヶ崎駅付近の地図」です。かなり詳細な情報が載っているので、ぜひチェックしてみてください。

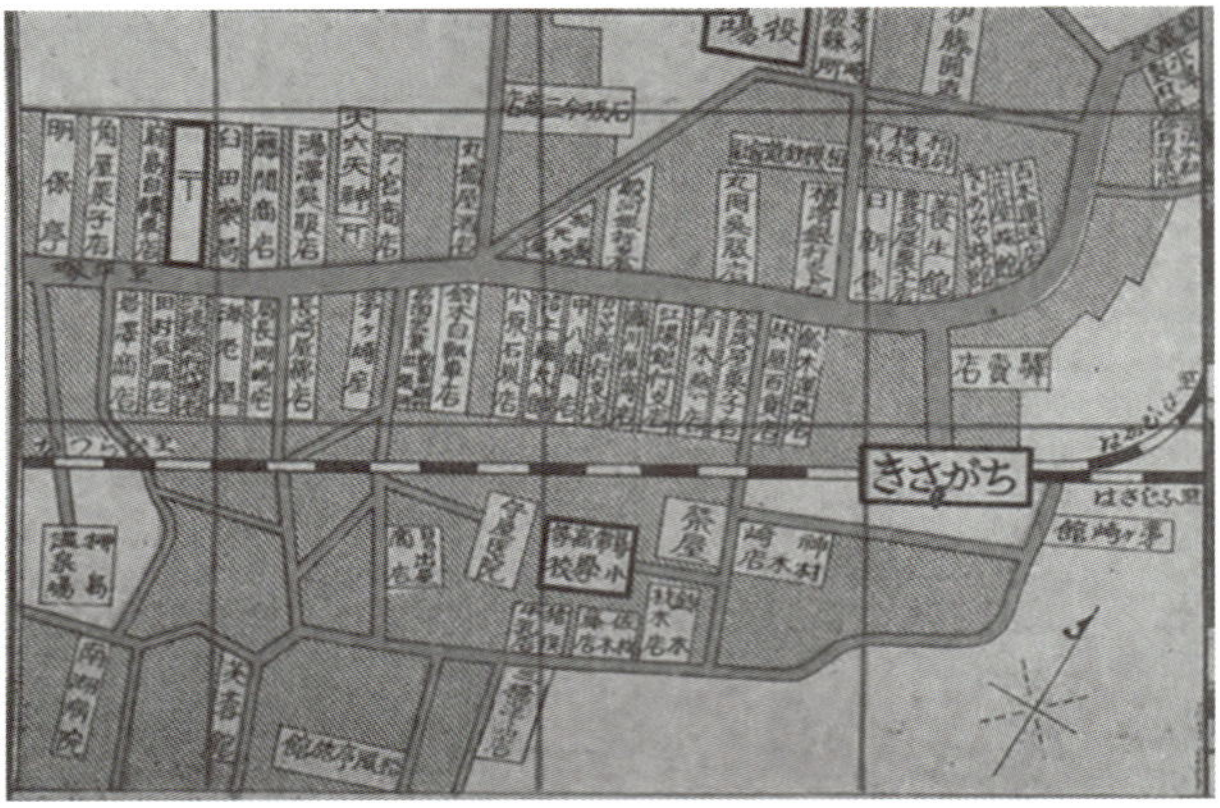

国会図書館所蔵

第5章

戸籍よりもっとさかのぼった家系の調査をする

5-1

家系調査の限界点――それが戦国時代です

4章までで、戸籍や過去帳、親族の伝聞などから、江戸期までの先祖が判明しました。**続いて戦国時代の先祖をたどりたいところですが、1章で触れたとおり、ここが大きなハードルになります。**

江戸時代は、過去帳や、村や町ごとに作成された「宗門人別改帳《しゅうもんにんべつあらためちょう》」などによって、身分制度が確立し、庶民がほかの国（藩）に移るのは、難しい側面がありました。

一方、戦国時代は、主従関係は鎌倉・室町時代よりも明確でしたが、待遇などに不満があれば、浪人になったり、ほかの大名家に仕官する人も多くいました。

戦国時代は、人の移動が多かった

左ページの地域別人口の推移のグラフを見てください。「関ヶ原の戦い」と「享保の改革」の121年間で、これだけの変化があるのです。特に関ヶ原の戦いでは、畿内《きない》の人口比率が高まっています。多くの浪人が、西軍や東軍に参加するために移動したと推察できます。

徳川家と豊臣家が戦った「大坂の陣」（1614～15年）では、豊臣軍は、浪人などが集結し、約

江戸時代と戦国時代の地域別人口

約121年のあいだで、人の移動が多かったことが分かります。特に戦国時代は「畿内」の人口が多く、江戸時代は「南関東」の人口が多いことが分かります。

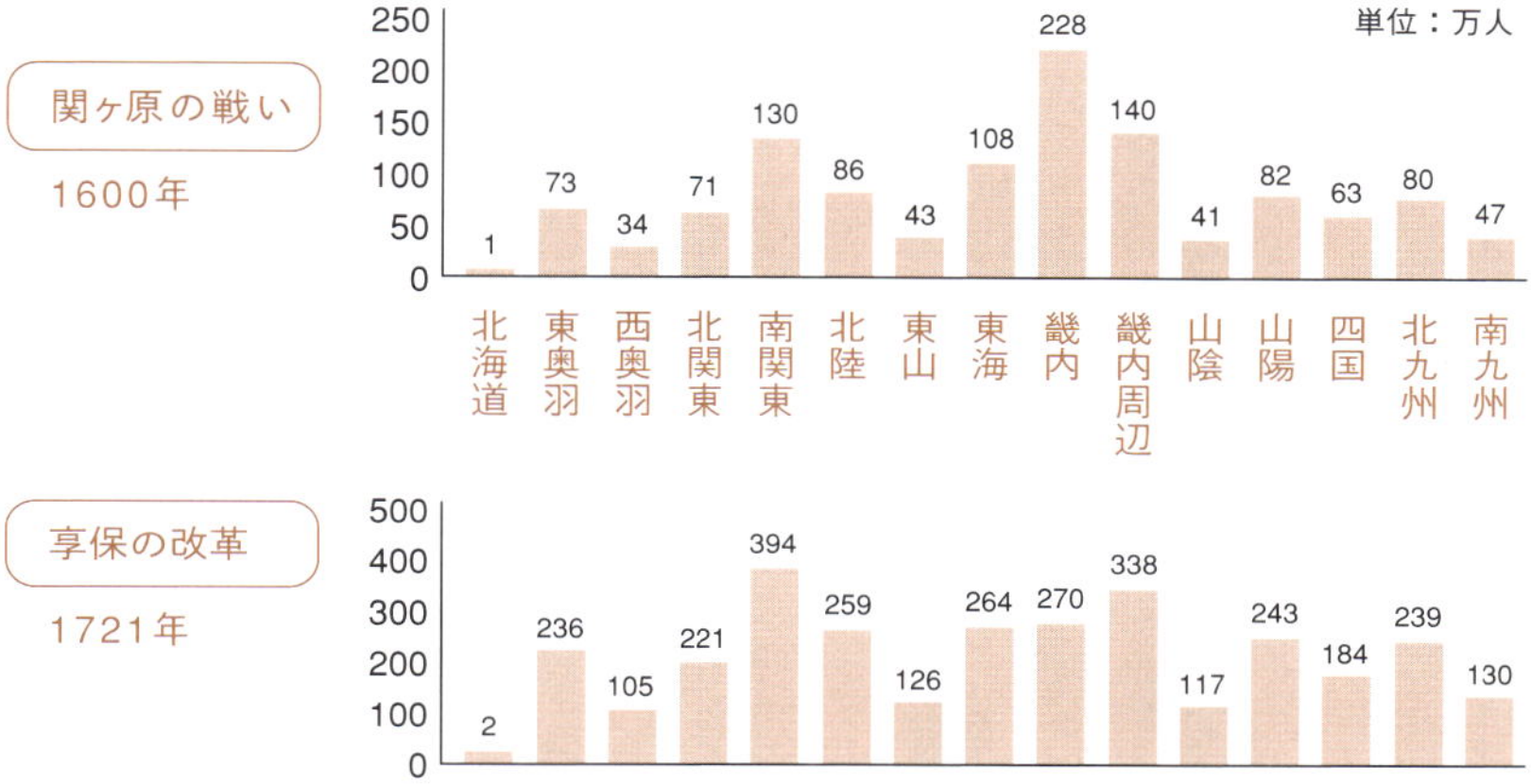

参考資料：『人口から読む日本の歴史』（鬼頭宏著）

10万の軍勢になったといわれます。私たちの想像をはるかに超える、人の移動があったのでしょう。**人の移動が自由だった時代に、自分に先祖の居住地を特定することは非常に困難なのです。**

戦国時代は、資料も少ない

また**戦国時代は、非常に資料が少なく、先祖を調べる術《すべ》がない側面も。**これまで判明した私の一番古い先祖・永峰嘉右衛門は、親族の手記によると「弘化３年（１８４６）没」です。70歳まで生きたと仮定すると、１７７６年生まれ。ということは、あと2代遡れば、戦国時代というわけです。

先祖のルーツを追ううえでは、戦国時代のあいだに何代か、数十~数百年の空白ができるのは仕方のないことだと割り切ることも必要なのです。

5-2

日本人のルーツの大半は「源平藤橘」にたどり着く

戦国時代は、家系調査を行ううえで、空白期間となりますが、1000年前（中世・古代）からの大きな家系の流れについては、把握できる可能性があります。それこそが、5章で追うテーマとなります。

具体的には、戸籍などを通じて判明した江戸時代までの先祖の苗字や家紋、地域、あるいは文献・文書を通じて、すでに文献にまとめられている家系のどこにつながるかを突き止めていきます。

1000年さかのぼるということは、100年の間に、おおよそ4代前後の人物がいるとして、

40代前後さかのぼるということです。そして、40代さかのぼると、多くは「源平藤橘《げんぺいとうきつ》」にたどり着きます。

朝廷の重要ポストについた「源平藤橘」

平安時代以降、朝廷は、恩賞のあった者や臣籍降下（皇族がその身分を離れ臣下の籍に降りること）の者に対して「氏姓」を与えました。

「氏《うじ》」は、姓を識別するための呼称（源、藤原など）のことで、「姓」は、恩賞・功績に対する称号（宿禰《すくね》、朝臣《あそん》など）のことです。

源平藤橘の発生年や始祖

源平藤橘の発生年や始祖、賜姓の背景をまとめてみました。1000年さかのぼると、あなたも、この４つの氏のどれかにたどり着くかもしれません。

氏	発生年	始祖	賜姓の背景
源	814年	嵯峨、清和、宇多天皇	臣籍降下
平	825年	桓武天皇	臣籍降下
藤原	684年	中臣鎌足、藤原不比等	恩賞
橘	736年	県犬養橘三千代、橘諸兄	臣籍降下と恩賞

※臣籍降下…皇族がその身分を離れ、臣下の籍に降りること。

氏の名は多くありましたが、朝廷の重要ポストは、源氏・平氏・藤原氏・橘氏から選ばれるようになります。彼らを総称して「源平藤橘」といいます。そのほかの氏は、自然と淘汰されていきました。

藤原氏の始祖は、中臣鎌足

このうち「源平橘」は天皇の子孫で、藤原氏は高天原《たかまがはら》（日本神話の天上界）の神様の子孫と言われています。例えば、源氏の始祖は、嵯峨・清和・宇多天皇などで、平氏は、桓武天皇です。藤原氏は、中臣鎌足です。

もちろん、誰でもさかのぼっていけば「源平藤橘」につながるわけではありませんが、その可能性は少なくないことは間違いないのです。

5-3

「源平藤橘」ゆかりの名字（苗字）の広がり

平安時代に入り、朝廷の重要なポストにつくのが「源平藤橘」の氏族に占められ、さらに、姓についていて、朝廷が彼らに対し一番高い位《くらい》の「朝臣」を与えていくと、「藤原朝臣」といった同じ名前が増えていきました。

自分のたちの屋敷のある地名を名乗り始めた

こうしたなか、**源平藤橘の氏族は、ほかと区別するため、「九条」「近衛」といった、自分たちの屋敷のある地名を名乗るようになります。**

一方、**平安時代末期、「源平藤橘」の流れをくむ武士も増えていきます。**ここでも地名を名乗ったり、藤原出自の伊勢国の武士が「伊勢」の「伊」を取り、「伊藤」と名乗ったりしていったのです。**「源平藤橘」ゆかりの名字は、江戸幕府が編纂した系図集『寛政重修《ちょうしゅう》諸家譜』にまとめられています**（左ページ参照）。

とはいえ、系図集に自分の苗字があっても、それで「自分は源氏がルーツだ」などと早合点しないこと。ほかの流れをくんでいる可能性も高いので、家系のルーツを追ううえでの、一つのヒントくらいに考えましょう。

「源平藤橘」ゆかりの名字

『寛政重修諸家譜』には、「源平藤橘」ゆかりの名字が数多く載っています。「国会図書館デジタルコレクション」で閲覧できます。全文検索できるので、自分の苗字で検索してみましょう。

「橘氏」の名前のひろがり

会田　長谷川　山田　松井
浅井　大平　井関　岡本　紅林
野尻　黒田　牧　山中　福富
岩室　松村　花田　山脇　楠
小南 など

長谷川

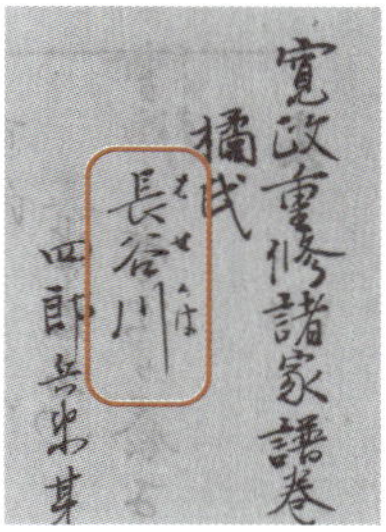

山田

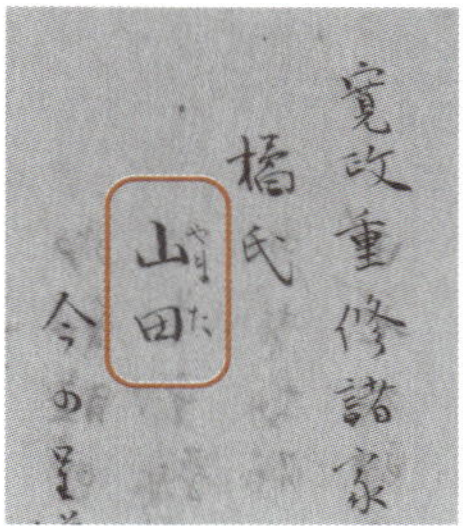

「藤原氏」の名前のひろがり

本多　大森　豊田　斎藤　竹田
河合　富樫　中沼　林　池田
皆川　鹿沼　岩佐　田沼　増山
関　下河辺　田村　山越
木村　桐生　西場　中田 など

本多

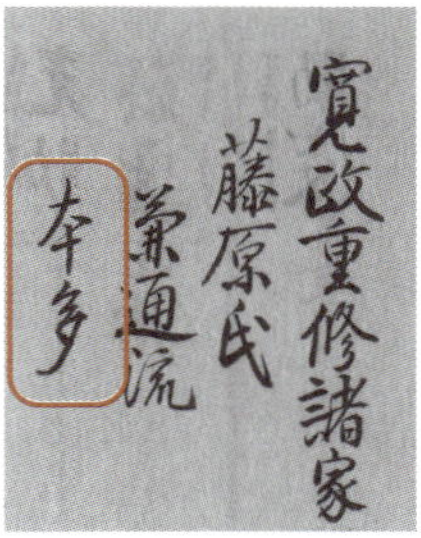

大森

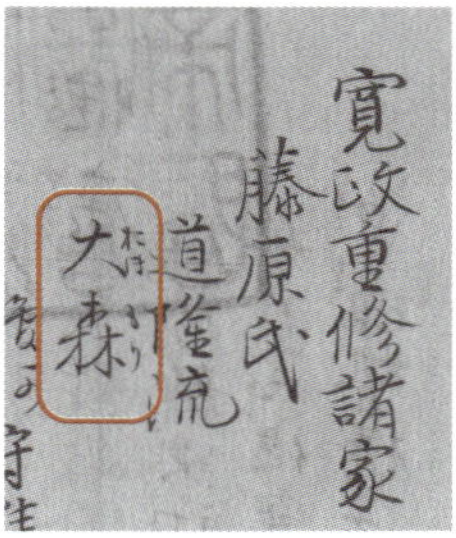

「源氏」の名前のひろがり

土岐　田代　六條　福光　井上
高田　木田　大森　太田　石川
大和　尾田　上野　杉原　矢田
上地　秋山　大蔵　二宮　村上
島本 など

「平氏」の名前のひろがり

北条　熊谷　石川　奥山　吉田
馬場　前野　多良崎　河股　土屋
真田　長尾　香川　臼井　鏑木
小早川　中村　秩父　畠山
葛西 など

画像はすべて『寛政重修諸家譜』(国会図書館所蔵)

5-4

明治以降、庶民は「苗字」を名乗るようになった

平安時代後期、貴族や武士に広がった「名字（苗字）」は、その後、室町時代に入ると、農民にまで広がっていきます。

しかし、戦国時代に入ると、苗字を名乗ることは権力者の特権となり、庶民は名乗ることをみずから控えるようになります。さらに江戸時代に入ると「苗字帯刀の禁令」が出され、法的に名乗ることが禁じられます。

江戸時代、庶民は苗字を持っていた

ちなみに、江戸時代に「庶民は苗字を持たなかった」というわけではありません。多くの人が持っていたといわれています。歴史学者・洞富雄はある論文の中で、江戸時代、村の中や庶民同士のあいだでは、堂々と苗字を名乗っていたと記しています。歴史学者・豊田武も『苗字の歴史』（中公新書）の中で、同様の意見を述べています。

正式に、庶民に苗字が開放されたのは、明治維新です。１８７０年に「平民苗字許可令」、翌年には「戸籍法」が制定され、日本国民全員が、苗字を持つようになります。しかしながら、苗字はなかなか普及しなかったそうです。

明治期、苗字に関する法律の流れ

明治政府にとって、戸籍をつくり、全国民を把握することは、大切なテーマでした。それには、国民全員が苗字を持っていることが必須でした。そこでさまざまな法律を整備してきました。

平民苗字許可令（1870年）
今後、庶民が苗字を使うことを許可する法律。しかし、あまり普及しませんでした。

→

姓尸不称令（1871年）
古代からの「氏と姓」を廃止し、苗字に統一することにしました。

→

平民苗字必称義務令（1875年）
苗字の登録を促すために、政府は苗字の使用を義務化する太政官布告を出します。

↓

庶民の苗字のつけ方
- 江戸時代以前から持っていた苗字で登録した。
- 地元の名主やお寺の住職などに苗字をつけてもらった。
- 自分自身で苗字を考え、登録した。

多くの人は、ずっと持っていた苗字を名乗るようになったと考えられます！

そこで政府は、１８７５年に「平民苗字必称義務令」を出し「これからは必ず苗字を名乗りなさい。先祖以来の苗字が分からない者は、新たに苗字をつけなさい」と命令しました。

苗字が分からない人もいた？

つまり、国民の中には「苗字は知らないから、『佐藤』でいいや」という人もいたことになります。しかしながら、前述の歴史学者たちの見解を考えると、明治期に「苗字を知らない人」は、少なかったのではないでしょうか。苗字は脈々と受け継がれてきたと考えるほうが自然です。

つまり、**戸籍以前の先祖のルーツを追ううえで、苗字がキーポイントになることは間違いないのです。**

5-5

戸籍以前の先祖の「居住地」を推定する

戸籍よりさかのぼった調査をするために、戸籍以前の先祖の居住地の推定は、とても重要です。

2章で、一番古い戸籍の入手方法について触れました。多くの場合、そこに記されている本籍地が先祖代々の居住地と推定できます。

江戸期の居住地は、明治期とは違うかも

しかし、戸籍制度は明治期に始まったため、戸籍には「江戸期の居住地」は記されていません。

総理府の調査では、明治5年の東京都の人口は約86万人ですが、明治9年には100万人を突破しており、地方からの人口流入の激しさが分かります。明治維新で人の移動は活発化したのです。

先祖の一番古い本籍地が、地方の農村地であれば、あえて引っ越してきたとは考えにくいため、先祖代々、その地にいたと想像できますが、都心部であれば、疑ってみましょう。

私の先祖は、一番古い戸籍では東京ですが、曽祖父の妻が大阪出身であることや、親類の手記に「曽祖父は大阪の平野郷出身」とあったため、江戸時代の居住地は「大阪の平野郷」と推定しました。このように根拠を探していきましょう。

一番古い戸籍以前の居住地の推定方法

先祖は戸籍のない時代はどこで暮らしていたのでしょうか。先祖の一番古い戸籍の本籍地に、それを知るヒントがあるかもしれません。

STEP 1

戸籍の本籍地の特徴をチェックする

一番古い本籍地が判明したら、そのエリアは江戸時代、どんな場所だったのかを確認します。使う資料は『角川日本地名大辞典』です。

STEP 2

住まいが都心部の場合、疑ってみる

本籍地のエリアが、昔から農村地帯であれば、江戸時代以前から居住地としていた可能性があります。一方、都心部の場合は、江戸時代は別の場所にいたと疑ってみるべきです。その場合は、親類の手記などで「戸籍以前の居住地」のヒントを探っていきます。その根拠が多ければ多いほど、信ぴょう性は増します。

「永峰家」の場合

根拠 1 清造の妻の出身が平野郷

一番古い戸籍に、永峰清造の妻の出身が記載されています。そこには「大坂の平野郷」とあります。江戸時代、人の移動は限られていたため、夫も同地である可能性は高いといえます。

「大坂府住吉郡平野郷野堂町」とあります。

根拠 2 文献に「清次郎は大阪生まれ」とある

「国会図書館デジタルコレクション」で検索したところ、ある雑誌に「永峰君は大阪の生まれ」とありました。

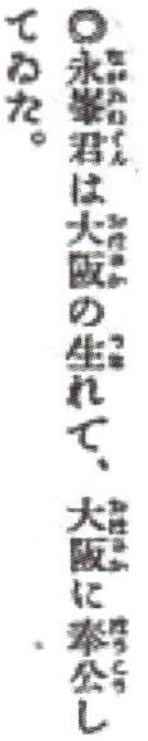
○永峯君は大阪の生れて、大阪に奉公してゐた。

根拠 3 親類の手記に「清次郎は平野郷出身」とある

親類の手記や伝聞なども、要チェックです。例えば、親が「先祖は○○にいたのよ」といえば、それは大きな根拠になります。

推定 大阪・平野郷

私の先祖については、さまざまな根拠によって、本籍地の「東京都台東区」付近ではなく、大阪の平野郷だと推定できました。

5-6

地名辞典で、先祖の居住地の歴史を探る

先祖代々が住んでいた居住地を推定し終えたら、その土地の歴史についての調査に入ります。

使用する資料は、104ページでも触れた『角川日本地名大辞典』(全51巻、角川書店)と、『日本歴史地名大系』(全50巻、平凡社)です。この2つの辞典は重複している箇所も多いのですが、それぞれにしか書かれていない内容もあります。市区町村の大きめの図書館で閲覧できます。

104ページでは「なぜ、その土地に住んだのか?」に焦点を当てて、地名辞典をチェックしました。ここでは、それだけでなく、1000年前からの大きな家系の流れを把握するためのヒントを得ることに主眼を置きます。

地名辞典の中世、近世、近代をチェック

地名辞典には、各地域について、中世、近世、近代などと、時代ごとの記載があります。先祖の生きた近世が特に重要になりますが、すべて目を通しましょう。

私の先祖は「大阪の平野郷」ですが、平野郷だけではなく、平野区など近隣や関わりのある地名もチェックします。

家系調査に役立つオススメの地名辞典

地名辞典は、さまざまな本が出版されていますが、家系調査においては、以下の2冊が必須図書になります。

『角川日本地名大辞典』(全51巻)
(角川書店)

1978年から都道府県別に刊行した地名辞典。先祖のかつての居住地の歴史的な沿革を手早く知ることができます。『日本歴史地名大系』に比べるとコンパクト。

特徴

- 「近世」「近代」などと時代区分を立てて解説している。
- 地名の由来を解説している。
- その地域の代表的な郷土資料も収録。
- 参考にした文書名の記述は少ない。

『日本歴史地名大系』(全50巻)
(平凡社)

1979年から都道府県別に刊行した地名辞典。内容は非常に濃い。各都道府県ごとに、おもに地元大学の歴史学者などが監修している。

特徴

- 参考にした文書名の記述がある。
- 五十音順ではなく、地域性を考えた順序立てをしている。
- 地名の解説は歴史変遷にとどまらず、土地の生活・生産・信仰など具体的に記述。

地名辞典で、おもにチェックしたい項目は、127ページのとおりです。

このうち「地名の由来・形成」や「家数・人口」によって、当時の土地の様子・繁栄ぶりが分かります。「平野郷」の1796年の人口は8138人と記載されており、当時としては大規模の町といえます。高祖父・永峰清造（1830年頃生）の時代、町は活気に溢れていたのでしょう。

また、「宝永2年（1705)、商人・職人は1212人。大工は10人」とあります。清造は大工の棟梁だったようですが（98ページ参照）、大工はそれほど多くはなかったのかもしれません。

また、当時の平野郷の町名は「野堂・流・市・背戸口・西脇・泥堂・馬場の7か町」とあります。永峰清造の妻は「野堂」出身です。

地名辞典の別ページには「平野郷野堂町」の詳細ページもあり、「寛政9年の家数445件、人数1837人」と記載されていました。

おもな産業で、先祖の職業をチェック

「おもな産業」を見ると「醸造酒(平野酒)、絞油、平野綿」とあります。私の先祖とは関係のない産業ですが、もし先祖の職業が日本酒製造だとしたら、「平野酒」の歴史を調べることで、先祖の功績が見えてくるかもしれません。「平野酒」でグーグル検索すると、秀吉の伝記『太閤記』の中で、名酒として登場するといったエピソードを知ることができました。

このように、**地名辞典で気になるキーワードが出てきたら、グーグル検索したり、資料を探したりすると、より深い情報が得られます。**

地名辞典では「神社仏閣」の情報も多く載っています。平野郷の場合は「杭全神社」「全興寺」などの名前が出てきます。「野堂町に浄土真宗本願寺派紫雲山信行寺」の記述も。永峰家は浄土真宗です。つながりがあるのかもしれません。グーグル検索し、自分の宗派と同じ寺を探しましょう。菩提寺が不明の場合、有力な候補となります。

「権力者などの人物の名前」も、要チェックです。平野郷では、梶原景時、末吉氏といった名前が出てきます。家紋や履歴、関連する人物など、彼らの詳細を調べて、先祖の関連性を探りましょう。

このとき、**先祖の苗字と一致する人物が出てきた場合は、ルーツを追ううえで、大きな手掛かりになる可能性があります。**

地名辞典で判明した「平野郷」の歴史

筆者の先祖が住んでいた「大阪の平野郷」について、『角川日本地名大辞典』（角川書店）に書かれている内容を抜粋します。

地名の由来・形成

- 古代は坂上田村麻呂の子広野麻呂の所領地だったため「広野」、そこから転じて「平野」となった
- 中世末期に平野荘内に平野町が形成。要因は当地に大念仏寺があり、坂上氏の末流と称する末吉氏などの有名な氏族がいたから
- 町名は、野堂・流・市・背戸口・西脇・泥堂・馬場の7か町

家数・人口

- 寛政8年(1796)、家数1946軒、人数8138人（土橋郷土橋家記録）。
- 宝永3年(1706)、1万686人、2665世帯、享保17年(1732)まで1万人を超えていた。
- 宝永2年(1705)当時の商人、職人は1212人。大工は10人。

おもな産業

- 中世は、醸造業が盛んで平野酒と呼ばれた。
- 近世は、水運が盛んで、酒造・絞油が行われていた。平野綿も有名。

神社仏閣

- 中世に浄土真宗教団が進出。
- 鎮守は泥堂の杭全神社。ほかに野堂の赤留比売命神社、背戸口の天神社、中野の牛頭天王社（中野神社）があった。寺院は全興寺など26か所。
- 野堂町に浄土真宗本願寺派紫雲山信行寺。

権力者や人物の名前

- 鎌倉初期は梶原景時の管掌下。
- 永禄11年(1568)、織田信長が堺南北荘に矢銭2万貫を賦課したとき、これに抵抗。その後、当荘は信長の直轄地に。
- 中世以来、南京貿易に活躍した末吉氏の居住地で、同氏と信長・秀吉・家康などの時の為政者との結びつきが強かった。
  元禄7年(1694)、武蔵川越藩柳沢領、宝永2年(1705)、上野高崎藩松平氏領、その後、下総古河藩本多氏領、同藩土井氏領。
- 坂上広野麻呂の子孫と称する七名家末吉・土橋・辻花・成安・西村・三上・井上が町政にあたった。

参考文献

- 大徳寺文書、末吉文書、東末吉文書
- 平野郷土橋家記録／都市生活史料集成10、石山日記

5-7

『市町村史』などの郷土誌をチェックする

先祖代々の土地の歴史を深く知るためには、『市町村史』などの郷土誌のチェックも必須です。

郷土誌には、江戸時代や、それ以前からの財政や教育、産業などが詳しく記載されています。先祖の名前が記載されているケースもあります。

郷土誌は、基本的に図書館に置いてあります。探し方は、おもに4つの方法があります。一番のオススメは「国立国会図書館サーチ」です。国会図書館だけではなく、全国の図書館の所蔵状況を確認できます。「平野郷」で検索すると、256件のヒットがあり、その中の「平野郷町誌」は、国会図書館や大阪府立中之島図書館、横浜市立図書館などに所蔵されていることが分かりました。

郷土誌は、「○○史」「○○誌」など書籍名が微妙に違うので、さまざまなキーワードで検索するようにしましょう。

市区町村のHPもチェックする

市区町村の自治体のホームページに、郷土誌の紹介ページがあるケースもあります。例えば、台東区では「区史一覧」ページがあります。前項で触れた『地名辞典』の「参考文献」も要チェック

先祖代々の土地の郷土誌の探し方

郷土誌は、図書館で閲覧するのが基本になります。探し方としては、おもに4つの方法があります。そのほか『地名辞典』の参考文献も参考にしましょう。

① 国立国会図書館サーチ
https://ndlsearch.ndl.go.jp/
検索ワードを入れるだけで、国会図書館はもちろん、全国の図書館の所蔵状況を確認できます。発行日、著者・監修、その本の関連資料の情報も分かります。

② レファレンス協同データベース
https://crd.ndl.go.jp/reference/
全国の図書館に寄せられたレファレンスがまとめられています。「○○の歴史が分かる資料は？」などの質問に対する答えも多く掲載されています。

③ 市区町村の大きな図書館
大きめの図書館のホームページには、資料の検索機能があります。該当するエリアの図書館で、郷土誌の有無を確認しましょう。

④ 市区町村のホームページ
各自治体のホームページには、郷土誌などの紹介ページが設けられているケースもあります。チェックしてみましょう。

です。

どんな郷土誌があるのか不明の場合は、全国の図書館に寄せられたレファレンスをまとめた「レファレンス協同データベース」で調べてみるとよいでしょう。例えば「浅草区＋歴史」と検索すると「明治25〜32年の浅草区のことを知りたい」という質問があり、該当する書籍資料の名前などが挙げられています。

なお、希望する資料が近くの図書館にない場合は、86ページで紹介した「図書館の相互貸借制度」を使うとよいでしょう。

なお郷土誌は、「国会図書館デジタルコレクション」にあれば、欲しい情報を全文検索すれば、瞬時に分かりますが、それ以外の場合は、目次などを見て、丁寧に読み進めていく必要があります。

5-8

先祖代々の「苗字」の由来を調べる

先祖代々の苗字は、どこで発祥し、今日まで継承されてきたのでしょうか。苗字の発祥の経緯を知ることは、1000年前からの大きな家系の流れをつかむための重要ポイントになります。

ネットで全文検索できる『姓氏家系大辞典』

苗字を知るために、まず見るべき文献は『姓氏家系大辞典』（角川書店）です。「国会図書館デジタルコレクション」で全文検索できます。また、古代から近代にかけて活躍した姓氏と人物を都道府県別にまとめた『角川日本姓氏歴史人物大辞典』（角川書店）もオススメです。そのほか、特定の苗字に特化した書籍もあります。「永峰」は『長嶺永峰一族』（日本家系家紋研究所）という本がありました。

それでは、一例として『姓氏家系大辞典』の「長峰」を見ていくことにします。漢字違いは、同姓とみなしてOKです。読み方は同じで、漢字を変更することは、珍しくなかったからです。

なお、この辞典は、地域や出自の違いごとに見出しを立てています。

①まず「伊勢、武蔵、下総、常陸、美濃、信濃、

『姓氏家系大辞典』の読み方

「国会図書館デジタルコレクション」で全文検索できるので、自分の「苗字」で検索してみましょう。思いがけない苗字の由来を知ることができます。

①

長峰　ナガミネ　伊勢、武藏、下總、常陸、美濃、信濃、陸奥、羽前、越後（長峰城）、筑後等に此の地名存す。

②

1　長岑宿禰　漢族、魯公の裔と云ふ。本貫河内にして、天長十年三月紀に「河内國人大外記外從五位下長岑宿禰茂智麻呂等の五人、本居を改めて、右京に貫附す」と載せ、また承和二年十月紀に「左京人從六位下民首氏主に姓を長岑宿禰と賜ふ焉。氏主等は白鳥村主と同祖にして、魯公伯禽より出づと云ふ」と見え、また天安元年九月紀に「正四位下右京權大夫兼山城守長岑宿禰高名卒す。高名は右京の人也、云々。父從五位下茂智麻呂」など見えたり。高名は承和年間、遣唐判官となり、歸朝して、地方官として治績多し。

2　長峰宿禰　政事要略卷五十九に見ゆ。前項氏に同じ。

陸奥、羽前、越後（長峰城）、筑後等に此の地名存す」とあります。これらの土地に「長峰」という地名があったということです。

②「長岑宿彌」と見出しが立っています。長岑宿彌は、漢族（中国の主要民族）で、伯禽の後裔とあります。

なお、人物名が出てきたら、その苗字を『姓氏家系大辞典』やほかの文献、グーグル検索などで、さらに深く調べていきましょう。長岑宿彌をほかの文献で当たると「遣唐大使・藤原常嗣に従って第一船に乗船し、大使からは船上の雑事への対応を委ねられた」という記載がありました。

③「荒木田氏族」……伊勢神宮の祠官となり、これを世襲した一族とあります。その系図も掲載されており、満経の孫・経仲が「長岑」の名をもらっ

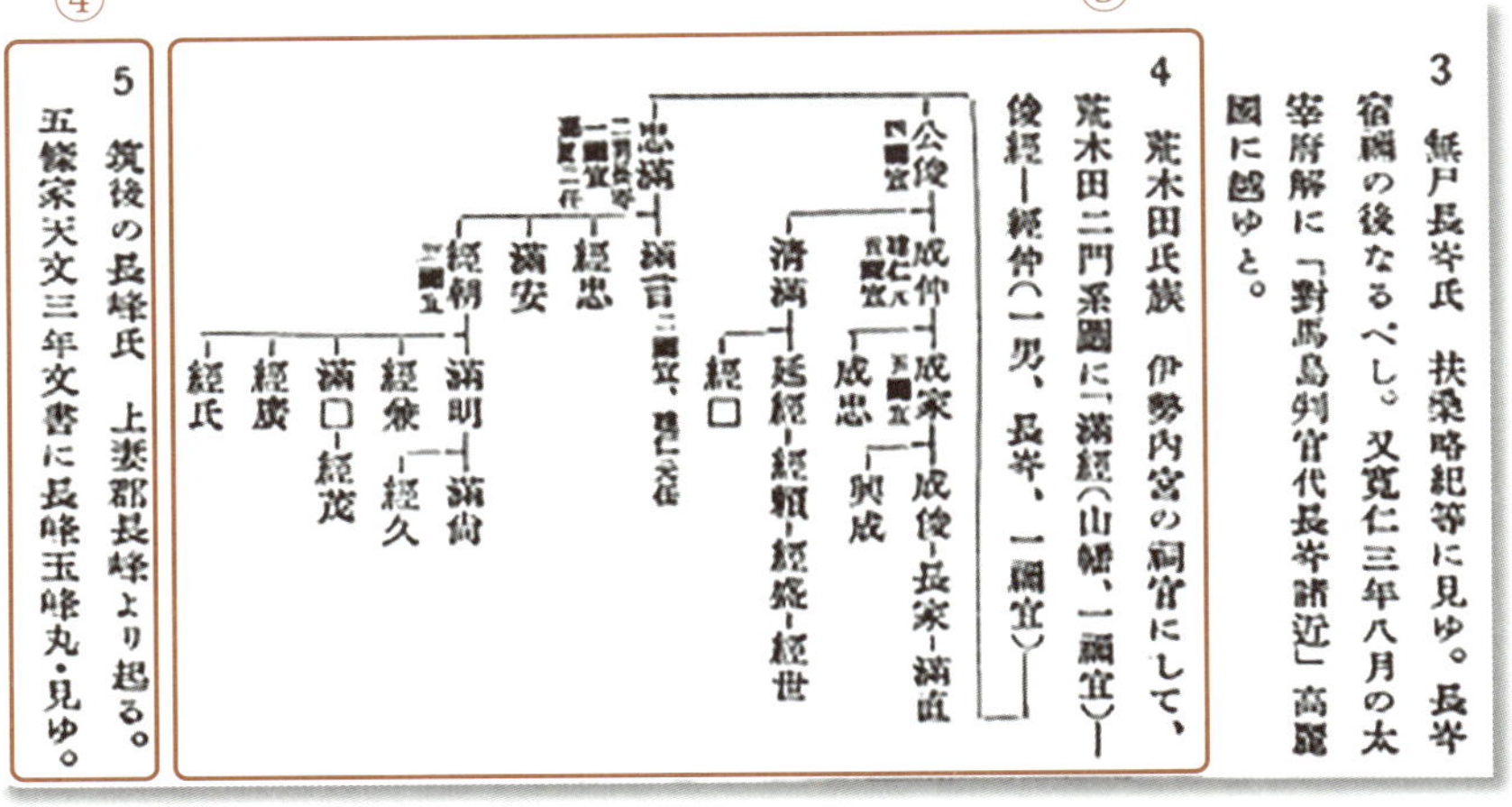
③

3　紙戸長岑氏　扶桑略紀等に見ゆ。長岑宿禰の後なるべし。又寛仁三年八月の太宰府解に「對馬島判官代長岑諸近」高麗國に越ゆと。

④

4　荒木田氏族　伊勢内宮の禰官にして、荒木田二門系圖に「滿經（山蟠、一禰宜）—俊經—經仲（一男、長岑、一禰宜）—

公俊—成仲—成家—成俊—長家—滿直
成家—成忠
成家—興成
成仲—清滿—延經—經頼—經嵸—經世
清滿—經□
忠滿—滿言
忠滿—經忠
忠滿—滿安
忠滿—經朝—滿明—滿尚
經朝—經兼—經久
經朝—滿□—經茂
經朝—經廣
經朝—經氏

5　筑後の長峰氏　上妻郡長峰より起る。五條家天文三年文書に長峰玉峰丸・見ゆ。

たようです。『姓氏家系大辞典』で「荒木田氏」を調べると、清和天皇の子孫で源姓を賜った清和源氏の流れを汲むという記述がありました。

④「筑後の長峰氏」……ここからは地域ごとの長峰氏の発祥について記載されています。「上妻郡長峰より起る」とあります。先祖代々の居住地がこの地だった場合は、筑後の長峰氏が、ルーツである可能性があります。

地名が出てきたら、地名辞典で、その地域の歴史を調べてみましょう。グーグル検索も必須です。検索すると「上妻郡は、かつて福岡県にあった郡で、長峰村があり、1951年廃止。現在の八女市の一部」であることなどが分かりました。

⑤「会津の長峯氏」……「長嶺三郎政澄」とあります。また「多くの長嶺氏が大沼郡東尾岐村に住

⑤

10 會津の長峯氏　大沼郡東尾岐村の堂山舘は、慶應年中、長嶺三郎政澄・築きて住す（温故拾要抄）と云ひ、新編風土記に「明

而して東尾岐村にには、長嶺を氏とするもの百七十餘戸中に三十餘戸ありて、長嶺哲雄氏は前述長嶺信濃の後裔也。又隣村尾岐村、水井野村、旭村、藤川村、高田町等にて三十戸程ありて、嵩家尠からず。家紋は概して丸に澤瀉に又長嶺の嶺の文

11 成田氏族　陸中國鹿角郡長峰邑より起る。長嶺下總は宮地方の豪族成田氏の一族なりと（鹿角由來記）。參考諸家系圖に長嶺七之丞等を載せたり。

12 雑載　その他、信濃諏訪の長峯氏は蔦の葉を家紋とす。又防長に長嶺氏あり。

⑥

永峰　ナガミネ　同上。又讃岐の名族にして、桓武平氏梶原氏の族なりと云ふあり。

んでいた」と記載されています。今現在も、多くの同姓が住んでいるのかもしれません。

⑥「永峰」……「長峰」のほか「永峰」の項目もありました。讃岐（現・香川県）の国に、桓武平氏の大族梶原氏より分かれた永峰氏が存在したとあります。梶原氏を調べてみると「讃岐梶原氏は、梶原景時の三男（景茂）の子孫が讃岐に進出、豊臣秀吉の四国征伐まで海賊として猛威をふるった」とあります。

このほか「日向の長嶺氏」「石見の長嶺氏」などの見出しもありました。

『姓氏家系大辞典』などをチェックする際は、「人物名」「地名」そして「家紋」について、特に注目してください。そして、それぞれについて、さらに深く調べていくことが大切になります。

5 - 9

苗字を絵で描いたもの――それが「家紋」です

家紋とは、家を表す紋章であり、それぞれの家で代々伝えられているものです。とはいえ、自分の家の家紋を知らない人は、少なくありません。私自身、本書を作成する過程で知りました。

平安中期（1100年以降）、公家は、自分の牛車に「紋（目印）」を付けて、自分の威厳をアピールしました。これが家紋につながったと言われています。

その後、それが武士にも普及し、敵と味方の区別をするため、戦場などで旗印や幕に家紋を描くようになります。

さらに江戸時代に入ると、着物に家紋を描くようになります。家紋は苗字と違って、江戸幕府による規制はゆるかったため、庶民にも広く用いられることになったのです。

家紋は親から子に相続される

家紋の素材の原型は、約350種類。それが変化して、現在では2万種類以上に増えました。その中には、明治以降に創作された「新紋」も含まれます。

家紋は原則として、親から子に相続されます。

田中氏の家紋のルーツ

全国各地の田中の地名から発祥し、多様なルーツを持つ「田中氏」は、家紋によって、ルーツを推測することができます。

宇多源氏

五三桐

ほかに、「四つ目結」「菊」「二つ引き」など

橘氏

左三つ巴

ほかに「七九桐」など

桓武平氏

右三つ巴

ほかに「梶の葉」「六菱」「五三桐」など

分家の際は、同じ家紋を使う場合もありますし、形を変える場合もあります。しかし、形を変える場合でも、本家の家紋に丸などの外郭を加えるなど、ごくわずかな変化にとどめられました。

家紋は、苗字と同様に、先祖のルーツを如実に物語ります。例えば「田中氏」は、全国各地の田中の地名から発祥し、多様なルーツを持ちます。この場合、家紋がルーツを推測する重要なカギとなります（上図参照）。

「同姓で同紋は、同流」というのは、家紋の原則を利用したルーツ推定法となります。しかしながら、例えば「五三桐」は、宇多源氏だけでなく、桓武平氏も利用しています。それだけに、先祖の出身地などを考慮するなど、推測の確率を上げていくことが大切です。

5-10

自分の先祖の「家紋」を調べる

現時点で、自分の家紋が不明の場合は、親が健在ならば、直接聞いてみましょう。親族でもよいでしょう。多くの場合、これで判明します。

親や親族に聞けない場合、あるいは、知らないと言われた場合は、お墓をチェックです。私は、お墓を確認したことで、家紋が判明しました。お墓が遠方の場合は、過去に撮ったお墓の写真がないかを確認してみましょう。そこに家紋が写り込んでいる可能性は高いと言えます。

なお、直接**お墓に行って確認する場合は、スマホで家紋のアップ写真を撮っておきます。**家紋は模様の微妙な違いで、別物となるため、記憶に頼るだけだと間違うことも少なくないからです。

仏壇に刻まれている可能性もある

また、親や親族の家に仏壇がある場合は、そこに家紋が刻まれているかもしれません。

家紋が判明したら「家紋のいろは」にアクセスし、「種類別図覧」から、自分の家紋に近いものを探していきます。私の家紋は「片喰《かたばみ》」で、さらに「片喰紋一覧」から「丸に剣片喰」にたどり着きました。

先祖の「家紋」は３つの方法でチェック

家系のルーツを追ううえで、家紋を知ることは必須事項です。
分からない場合は、次の３つの方法で調べましょう。

①お墓を調べる

先祖の菩提寺には、多くの場合、家紋が刻まれています。わが家のお墓は、墓石の水鉢に家紋が刻まれていました。ほかに「花立」「石塔」「墓誌」などにあるケースも。

②親・親族に聞く

親や親族に聞いてみると、あっさり判明するかもしれません。彼らが元気なうちに、聞いておきましょう。

③仏壇をチェック

親類などの家に、立派な仏壇がある場合は、そこに家紋が刻まれているはずです。シールの家紋が貼られていることもあります。

家紋の名前の調べ方

家紋が判明したら、その名前を明らかにしていきます。書籍で調べるのもよいですが、インターネットの「家紋のいろは」がオススメです。

「家紋のいろは」にアクセス

https://irohakamon.com/

「種類別図覧」ページ

「自然・文様紋」「植物紋」「動物紋」などに分かれており、自分の家紋のベースとなる形を突き止めます。私は「植物紋」から「片喰」を選択。

「片喰紋一覧」ページ

144種の片喰紋が掲載されているので、微妙な違いに注意を払いながら、自分の家紋にぴったりのものを慎重に探していきます。

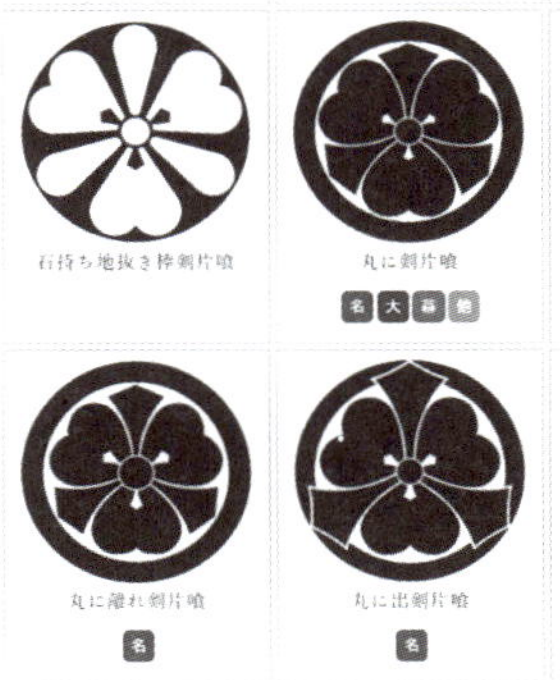

5-11

自分の先祖のエリア内・外の「同姓・同紋」を調べる

先祖の家紋が判明したら、まずは、その成り立ちをチェックしてみましょう。参考にしたい文献は『日本家紋総鑑』（千鹿野茂著、角川書店）です。

著者が全国の墓石から採集した家紋をベースに約2万種類収録されており、信ぴょう性の高い内容です。「家紋のいろは」「発光大王堂」といったサイトからも調べられます。

私の先祖の家紋は「片喰」が原型で、それが変化した「丸に剣片喰」ですが、『日本家紋総鑑』には「片喰」について「南北朝の頃から使用されて、戦国時代は備前の宇喜多氏が用いた。現在において使用家は極めて多い」と記されています。

同姓で同紋は、有力な手掛かりとなる

続いて先祖が住んでいたエリア周辺の「同姓で同紋」を探していきます。130ページでも触れたように、違う漢字でも、同じ読みの苗字も同姓とみなしてOKです。

使用する文献は、同じ千鹿野茂著の『都道府県別姓氏家紋大事典』（柏書房）です。都道府県ごとの各苗字の家紋の傾向が分かります。そのエリアの家紋の割合もチェックできます。

同姓・同紋がいる地域の探し方

同じ苗字で、さらに同じ家紋が多く住んでいるエリアに、自分の先祖の居住地があれば、その人物とは、つながりがある可能性が高くなります。
その調査方法を紹介します。

使用する資料……『都道府県別 姓氏家紋大事典』

STEP 1

居住地の家紋の割合をチェック

大阪南部は「片喰」が 13.79％で 1位。
２位の「鷹の羽」（8.81％）を圧倒。

STEP 2

同姓で同じ家紋があるエリアをチェック

「ナガミネ」で「丸に剣片喰」の家紋の場合

香川・愛媛・岐阜
↓
「丸に剣片喰」→ 出自は荒木田氏族

先祖が住んでいたエリア周辺に「同姓・同紋」がいなければ、その範囲を全国に広げましょう。私の先祖の家紋は、大阪南部に多いことが分かりました。ただし、このエリアに同姓・同紋はありませんでした。全国で調べると「香川・愛媛・岐阜」で同姓・同紋があり、出自が「荒木田氏族」と記されています。これは苗字と家紋から、ルーツの可能性が高い系統を推測したものです。

この結果を見て「自分のルーツは○○だ」と決めつけるのは早計ですが、千鹿野氏の膨大な家紋採集から推測した情報ですので、特に、**先祖が住んでいたエリア周辺の「同姓・同紋」の場合は、ルーツを特定する際の、有力な手掛かりとなります。**私のようなケースでも、候補の一つとして考えてよいでしょう。

5-12

先祖の「苗字」の分布を調べる

66ページで、親や親族から「先祖」についての情報を集めることの大切さに触れましたが、1000年前からの大きな家系の流れをつかむためには、見ず知らずの同姓の協力も必要です。

そのために、まずは先祖が住んでいたエリアに今現在、同姓がどのくらい暮らしているのかを調べます。その人数が多ければ、遠い親戚など、何らかのつながりがある可能性は高まります。

さらに、先祖が住んでいたエリアの近隣に住む同姓も見つけ出します。

もともと珍しい苗字の場合は、エリアにこだわらず、検索の網を広げていきましょう。その場合は、苗字辞典で判明した（130ページ参照）、苗字の発祥地は必ず検索してください。

ネットで苗字の分布をチェックする

それでは、自分の苗字の分布についてインターネットを利用した調べ方を紹介します。使用するサイトは「名字由来net」です。

苗字を入力すれば「その苗字の多い地域」が分かるサイトです。ただし、このサイトはおよその分布が分かる、あくまでも簡易ツールだと思って

先祖の居住地に住む同姓の人数の調べ方

今現在、かつて先祖が住んでいたエリアに、同姓がどのくらい暮らしているのかを、ネットを利用して調べてみます。

「名字由来 net」で調べる

苗字を入力するだけで、その苗字の分布が分かるサイト。苗字の由来解説、その苗字の有名人などを説明するコンテンツもあります。

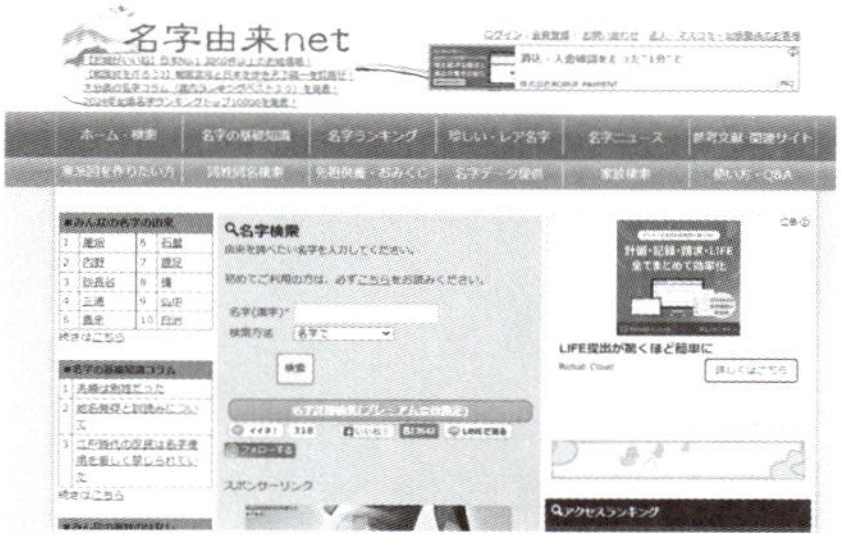
名字由来net
ホーム・検索
名字の基礎知識
名字ランキング
珍しい・レア名字
名字ニュース
名字検索

https://myoji-yurai.net/

step 1

自分の苗字の多い地域をチェック

サイトトップにある「名字検索」に、苗字を入力します。検索方法は「名字で」を選びます。検索ボタンを押すと「都道府県別」「市区町村別」で、その苗字が多いエリアが表示されます。

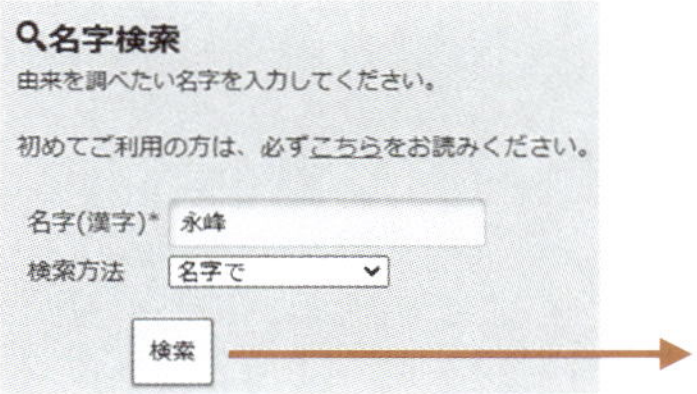
名字検索
由来を調べたい名字を入力してください。
初めてご利用の方は、必ずこちらをお読みください。
名字(漢字)* 永峰
検索方法 名字で
検索

永峰さんの多い地域 TOP5

都道府県	人数
香川県	およそ360人
兵庫県	およそ340人
東京都	およそ300人
千葉県	およそ270人
大阪府	およそ260人
市区町村	**人数**
香川県東かがわ市	およそ300人
宮崎県宮崎市	およそ100人
宮崎県都城市	およそ100人
長崎県五島市	およそ100人
兵庫県宍粟市	およそ90人

「永峰」で検索すると、都道府県別では「香川県」「兵庫県」が上位で、「大阪府」も5位になっています。市区町村別では「香川県東かがわ市」がダントツで多いことが分かります。

ください。

「永峰」で見ていきます。都道府県別では、「香川県」と「兵庫県」が多く、私の先祖が暮らしたと推定される「大阪府」も5位となっています。

私の先祖は「大阪・平野郷」——つまり、現在の「大阪府平野区」です。「大阪府」をクリックすると、市区町村別の人数が出ます。平野区は「およそ10人」とあります。

さらに「平野区」をクリックすると、さらに詳細な地名の人数が分かります。ここまで把握したら、その地域名をメモしておきます。同様に、平野区に近い「東住吉区」「東大阪市」「藤井寺市」などもチェックします。

「永峰」のルーツとして、苗字辞典には「讃岐（現・香川）」という地名が出てきます。都道府県別で「香川県」がトップなのは、このことが要因の一つかもしれません。

同音異字の検索も忘れないこと

また、「長峯」「長峰」など、同音異字も調べましょう。ひらがなで検索すれば、同音異字がリストアップされます。例えば「長峯」は「福島県大沼郡会津美里町」がダントツに多く、約120人が住んでいることが分かります。

『姓氏家系大辞典』（角川書店）には、「会津の長峯氏」として「大沼郡」の記載があります（132ページ参照）。今も子孫が住んでいる可能性がかなり高いといえます。先祖の居住地に、今も多くの同姓が住んでいる場合は、彼らとつながりがあるのかもしれません。

step 2 先祖が住んでいた地域を絞り込む

私の先祖は「大阪・平野郷（現・平野区）」なので、都道府県別で表示された「大阪」をクリックし、市区町村別に表示された「大阪府平野区」をクリック。すると「平野区長吉川辺」に10人が住んでいることが分かります。周辺エリアも同様にチェックしてみましょう。

永峰さん大阪府ランキング

大阪市旭区	調査中
大阪市阿倍野区	調査中
大阪市生野区	調査中
大阪市北区	およそ10人
大阪市此花区	およそ10人
大阪市東淀川区	およそ10人
大阪市平野区	およそ10人
大阪市福島区	およそ10人
大阪市港区	およそ10人
大阪市都島区	およそ10人

永峰さん大阪府大阪市平野区ランキング

加美北	調査中
加美南	調査中
加美東	調査中
加美正覚寺	調査中
加美西	調査中
背戸口	調査中
西脇	調査中
長吉六反	調査中
長吉出戸	調査中
長吉川辺	およそ10人

step 3 同音異字の苗字もチェックする

同音異字もチェックします。「名字検索」の検索方法を「読み方で」にして、検索窓に、ひらがなを入力します。「ながみね」の場合、「長嶺」「長峰」など10の苗字が表示されました。それぞれチェックします。

名字(読み)	全国人数	全国順位
長嶺(ながみね,ながりょう,ちょう…)	約13,700人	1,250位
長峰(ながみね)	約5,800人	2,430位
永峰(ながみね)	約3,400人	3,618位
長峯(ながみね,ながみな)	約2,200人	4,859位
永峯(ながみね,えいほう)	約2,200人	4,860位
仲嶺(なかみね,なかりょう,なかね)	約1,600人	5,976位
中峰(なかみね,なかねみ)	約800人	9,316位
中峯(なかみね)	約720人	10,039位
永嶺(ながみね)	約680人	10,341位
永岑(ながみね)	約50人	45,558位

長峯さんの多い地域 TOP5

都道府県	人数
東京都	およそ340人
神奈川県	およそ260人
福島県	およそ240人
埼玉県	およそ170人
大阪府	およそ160人

「長峯」を調べてみると「大阪府」に、およそ160人が住んでいることが分かりました。「大阪府」をクリックしたところ、「平野区」には、いませんでした。

5-13

先祖が住んでいたエリア内の同姓を探し、手紙を出す

「名字由来net」を使い、**先祖が住んでいたエリアや近いエリアなどに同姓が住んでいることが判明したら、実際に彼らとの接触を試みます。なお、直接電話をかけるのはNGです。**

具体的には「家紋・菩提寺・家系に関する口伝・当家の先祖を知っているか」などを手紙で問い合わせ、返事をもらうようにします。「なぜ、こうした手紙を出しているのか」についての理由も、しっかり書きましょう。

知らない人に手紙を出すのは、勇気がいり、心理的ハードルが高いと思います。何人くらいの人が返信してくれるのか不安もあるでしょう。

30軒出せば、5軒は返信がくる可能性も

しかし、**本書の監修者・渡辺宗貴氏は「30軒出せば5軒、多ければ10軒は返事がきます」と話します。**返信が1軒でも、多くの情報を得ることができるケースもあります。

なお、返信時期は、早い人は即日に返してくれますが、1～2か月程度待つことも普通です。

名前や住所は、個人の電話番号や住所が載っている昔の『ハローページ』（2021年まで）で

同姓の住所を古い電話帳で探す方法

先祖が住んでいたエリアなどに現在住んでいる同姓の名前や住所は、古い電話帳から探すのが基本になります。その探し方は、おもに３つあります。

① 国立国会図書館

全国の自治体ごとのハローページが所蔵されています。通える人は、ぜひ利用してください。

② 都道府県別の図書館

例えば、京都府立図書館では、京都府内の古いハローページを所蔵しています。そのエリアの図書館に確認してみましょう。

③ ネットの電話帳

インターネット電話帳です。2007 年や 2012 年の住所録を公開しています。私的サイトですので、自己責任で使用してください。

同姓の電話番号が分かっても、直接電話をかけるのは、絶対にやめましょう！

探すのがベストです。国会図書館、都道府県立図書館などで、バックナンバーを閲覧できます。「ネットの電話帳」というインターネット電話帳でも、２００７年などの住所を調べることができます。

もう一つ、**その地域のお店や会社の名前から、同姓の住所を探し出す方法もあります。地図サイトの「マピオン」は、会社名などの住所を検索できます。老舗の店や会社であれば、古くから、その地にある可能性も高い**といえます。

では、同姓の家への手紙は、何軒くらい送ればよいのでしょうか。

先祖の住んでいたエリアに同姓の家がかたまってあれば、その人たちと何らかのつながりがある可能性は高いので、できる限り送るべきです。かたまっていなければ、5～10軒になるまで、町→市→県と広げて、送っていきましょう。

私は「大阪府平野区」などにある永峰氏（異字同音も）の7軒に手紙を出しました。

質問内容は、3点に絞る

手紙に書く質問内容は、多すぎると相手の負担になります。左ページに挙げた「家紋を尋ねる」「菩提寺について」「自分の先祖を知っているか」の3点に絞りましょう。

このほかにも、墓石の所在や過去帳の内容、位牌の有無、先祖の職業や口伝など、聞きたいことは多くありますが、まずは必要最小限のことを尋ねて返答をもらい、次につながる関係を築くことに主眼を置きます。

返信率を上げるコツは、①封筒の宛名には「ご家族様へ」と入れる、②簡単な家系図を同封する、③名刺や家族の写真を同封するなど、おもに6つあります（左ページ参照）。

こうして手紙を送ったにもかかわらず、返信がない場合は、1か月後、再度送ってみましょう。そのほか、エリアを拡大して、新しい同姓を探し出して送ってみるのもよいでしょう。

私は7軒送ったわけですが、1軒だけ返信がありました。その内容は「私は20年前にこちらに越してきたので、お役には立てません」というものでした。残念な結果となりましたが、「大阪の平野区には、自分の先祖を知っている人はいない」ということを知ることができました。それも成果の一つといえるのです。

同姓に尋ねたい質問の内容

① 家紋について

家紋が同じ場合、その人物とは先祖のつながりがある可能性が高くなります。自分の家紋の写真を手紙に添えるとよいでしょう。

② 菩提寺について

菩提寺の宗派、名前、住所を尋ねます。菩提寺が分からない場合、家紋が一緒であれば、その菩提寺が、自分の菩提寺である可能性が高まります。

③ 先祖の名前を知っているか

自分の先祖の名前を列記して、心当たりがないかを聞いてみましょう。

返信率を高めるコツ

相手に「返信したくない」と思わせてしまったら、万事休すです。
返信率を高めるコツを紹介します。

① 返信用封筒と切手を同封

こちらがお願いをしているのですから、自分の住所と名前、切手を貼った返信用封筒を入れることは最低限のマナーです。

② 封筒の宛名に「ご家族様へ」を入れる

電話帳には氏名に記載があっても、すでに他界していることもあり得ます。
「ご家族様へ」と記せば、宛先不明で返ってくることを防げます。

③ 簡単な家系図を添える

相手の理解が深まり、興味を持ってもらいやすくなります。

④ なぜ、この手紙を送っているのかを書く

「自分のルーツを追っている」ことを手紙に書きましょう。そうすることで、相手の警戒心はゆるむものです。

⑤ 名刺や家族の写真を同封する

手紙を受け取った側は「面倒なことに関わりたくない」と考えるかもしれません。名刺や家族の写真を同封し、決して怪しい者ではないことを伝えましょう。

5-14 江戸時代から現在までのファミリーヒストリーを推察する

それでは、**土地や苗字、家紋、同姓へのアンケート調査、あるいは親族への調査などから得た情報をもとに、江戸時代から現在までの先祖の歴史を推察していきます。**

ここでは、永峰家のケースを見ていきます。

永峰家が住んだ地は、一番古い戸籍を見ると、神田区材木町（現在の千代田区岩本町）です。『日本歴史地名体系』によると「明治5年（1872）、かんざしなどの職人がいた」とあります。国会図書館で入手した『実業の日本』（99ページ参照）によると、3代前の永峰清次郎は明治20年頃、櫛職人だったと記載されており、同業者がいたこの地を選んだと想像できます。

清次郎はセルロイド玩具の製造を行っていた

その後、同書のほか多数の文献や資料から、清次郎は明治27年にセルロイド玩具の製造に乗り出していることが分かりました。

神田区材木町のあと、戸籍を見ると「浅草区（現在の台東区）福富町」エリアに移り住みます。『角川日本地名大辞典』には「南部の蔵前付近は小間物・セルロイド等の雑貨問屋が密集して商業区を

永峰家の江戸〜明治期のヒストリー

ここまで調べた結果、見えてきた永峰家の江戸から明治期にかけての歴史年表です。皆さんもつくってみましょう。

江戸時代	1861年	大阪・平野郷で生誕
明治時代	1872年頃（11歳）	大阪で丁稚奉公
	1882年頃（21歳）	日本橋小伝馬町の鼈甲問屋に奉公
	1885年頃	結婚、独立し団子屋を開く
	1880年後半	櫛をつくり始める
	1894年頃	セルロイド玩具の製造販売

形成」とあります。

ところでこのエリアには、苗字辞典を調べても電話帳で調べても、永峰家は出てきません。市区町村誌や郷土誌をチェックしても、「永峰」という苗字は出てきません。

さらに、都心部であることや明治期は人の移動が活発化したことなどを考えると、はたして、先祖代々、永峰家はこのエリアに住んでいたのでしょうか。

明治期の居住地は、先祖代々の土地ではない？

その疑問がさらに深まったのは、一番古い戸籍の清次郎の母、つまり、4代前の清造の妻である「こま」の従前戸籍が「大阪府住吉郡平野郷野堂町」と記載されていたことでした。

当時は鉄道のない時代でした。東京と大阪では、出会う機会はなかったといえます。

そこで私は「永峰家の先祖は、東京ではなく、大阪の平野郷に住んでいた」と推察しました。この推察は、親族の手記や前述の『実業の日本』の「永峰清次郎は大阪出身」という記述で、かなり確かなものとなりました。

平野郷に、永峰家の痕跡はない

続いて、苗字辞典や電話帳で「平野郷と永峰」の関係を探ります。しかしながら、「大工が10人いた」(『角川日本地名大辞典』)程度で、目ぼしい成果はあげられませんでした。

さらには、「国会図書館デジタルコレクション」に所蔵されていた『平野郷誌』を「永峰」で全文検索します。しかしながら、該当はゼロでした。

また平野郷にある神社仏閣にも数件、メールで問い合わせをしましたが「永峰家の記録はない」という返事でした。

平野郷に「永峰」の痕跡が一切ないというのは「永峰家は存在したが、目立った活躍はしていない」のかもしれませんが、分家などはなく、どこからか平野郷にたどり着いたと考えたほうが自然です。『実業の日本』には「父は大工の棟梁だったが、次第に傾いていった。清次郎は11歳のときから丁稚奉公に出て、21歳まで大阪で暮らした」と書かれています。

私はこう結論を導き出しました。

明治維新になり、人の移動が活発化したのを見て、永峰清次郎は、平野郷にもはや未練はなく、

東京でチャンスをつかもうと思ったのだと——。もし、永峰家の分家などがあったら、東京に引っ越すなどということは、難しかったと思うのです。

永峰清次郎のその後は、昔の書籍や親類の手記、グーグル検索などから、かなり詳細がつかめます（149ページ参照）。上京し、鼈甲問屋に奉公したのち、結婚。団子屋を開くも失敗し、そこから櫛の製造、そしてセルロイドの玩具とつながっていきました。

セルロイドの衰退と新しい発明

「永峰兼松の手記」によると、清次郎が立ち上げた会社はどんどん成長し、荒川区尾久に煙突が2つある大きな工場を建設しました。その後、長男の清三郎、二男の兼松、四男の孝雄が継いでいきました。

しかし、セルロイドは燃えやすいということで、日本製のセルロイド玩具はアメリカに輸出できなくなり、ポリ塩化ビニルなどに取って代わっていき衰退していきます。

『東京玩具商報』に、私の祖父・孝雄の手記が載っており、そこに「永峰家も硬化塩化ビニルに転換し、それを使ったすだれをつくり、発明協会から発明賞を取った」とありました。孝雄は後年、千葉県市川市菅野に住んでいました。幼少期よく遊びに行っていましたが、その頃は、引退していたようです。

いかがでしょうか。**皆さんも、自分で行った調査結果をもとに、江戸時代から現在までのファミリーヒストリーを推察してみましょう。**

5-15

1000年前（中世・古代）からの大きな家系の流れを追う

続いて、これまでの調査のもと、1000年前からの大きな流れを追ってみましょう。大きな手掛かりとなるのは「苗字辞典」「地名辞典」「家紋」「親族などからの伝承」となります。

永峰の苗字は、伊勢神宮の祠官・荒木田満経の孫・経仲が「長岑」の名をもらったことに始まるという説があります。荒木田氏の出自は『日本書紀』にも登場する「天御中主神」とあります。

このほか、讃岐（現・香川県）の国に、桓武平氏の大族梶原氏より分かれた永峰氏が存在し、それがルーツとなった説もあります。

また、地名から発祥したとすると、伊勢、武蔵、下総、常陸、美濃、信濃、陸奥、羽前、越後、筑後などが候補になります。

以上について、私の先祖と関連があると根拠が持てる材料は、残念ながらありませんでした。

また「地名辞典」についても、大阪・平野郷には、永峰関連の情報はありませんでした。

荒木田氏が永峰家のルーツ？

唯一の手掛かりとなったのは「家紋」です。永峰家は「丸に剣片喰」です。『都道府県別 姓氏家

1000年前からの大きな家系の流れを推定する

これまでの調査に基づいて、自分の先祖の1000年前からの大きな家系の流れを追ってみましょう。

苗字辞典

伊勢神宮の祠官・荒木田満経の孫が「長岑」を名乗りました。そのほか、桓武平氏の大族梶原氏より分かれた永峰氏が存在するなどあるも、筆者の先祖とつながる材料はありませんでした。

↓

ルーツ断定手掛かり度　×

地名辞典

大阪・平野郷を調べても、永峰家に結び付く記載はありませんでした。

↓

ルーツ断定手掛かり度　×

家紋

永峰家の「丸に剣片喰」について、同姓で同紋は、「香川・愛媛・岐阜」にいました。そのルーツは「荒木田氏」と書かれていました。香川県東かがわ市は永峰家も多く、お墓を調査すると、同紋が多くありました。

↓

ルーツ断定手掛かり度　△

紋大事典』によると、「香川・愛媛・岐阜」には、この家紋を使う永峰家の存在があるとされ、そのルーツは「荒木田氏」と書かれていました。

「名字由来net」（141ページ参照）で調べると、永峰という苗字の人が住む割合は香川県が多く、中でも「東かがわ市」が圧倒的です。この地のお墓を調べると、実際に「丸に剣片喰」が多数見られました。大阪・平野郷と「東かがわ市」は、それほど距離は離れていません。

私の場合、1000年前からの大きな流れをつかむための確固たる手掛かりは得られませんでした。しかし家紋については、大阪に近い香川県で「同姓・同紋」がおり、その先祖は荒木田氏とありました。ここでは荒木田氏は一つの候補としてとどめておき、家系を追う旅は、終了とします。

5-16

最終的な「家系図」を作成する

家系図は、先祖代々の戸籍を集め終えた段階で、一度作成しました（57ページ参照）。その後、3〜4章を通じて、さらに数代前の先祖の名前が判明した方もいるでしょう。

私は、親類が作成していた家系図により、5代前の永峰嘉右衛門が判明しました。ここまでが、はっきり断定できるルーツです。そこでまずは、新たに判明した先祖を家系図に書き足します。

続いて、1000年以上前からの大きな家系の流れを家系図に足していきます。私の場合は、確固たる手掛かりは見つかりませんでしたが、可能性の一つとして挙げた「荒木田氏」をここでは家系図に入れてみます。

系図は、ネットで検索して探し出す

昔の人物の系図は、『日本系譜綜覧』『系図綜覧』『日本史諸家系図人名事典』『日本名字家系大事典』といった書籍に載っています。

また、「国会図書館デジタルコレクション」や「国立公文書館デジタルアーカイブ」で「名前＋系図」で検索すれば、かなりの確率で資料を探し出せます。

荒木田氏の系図

「国会図書館デジタルコレクション」の全文検索で閲覧できる『系図綜覧』に、荒木田氏の系図が載っていました。そのルーツがはっきり分かります。

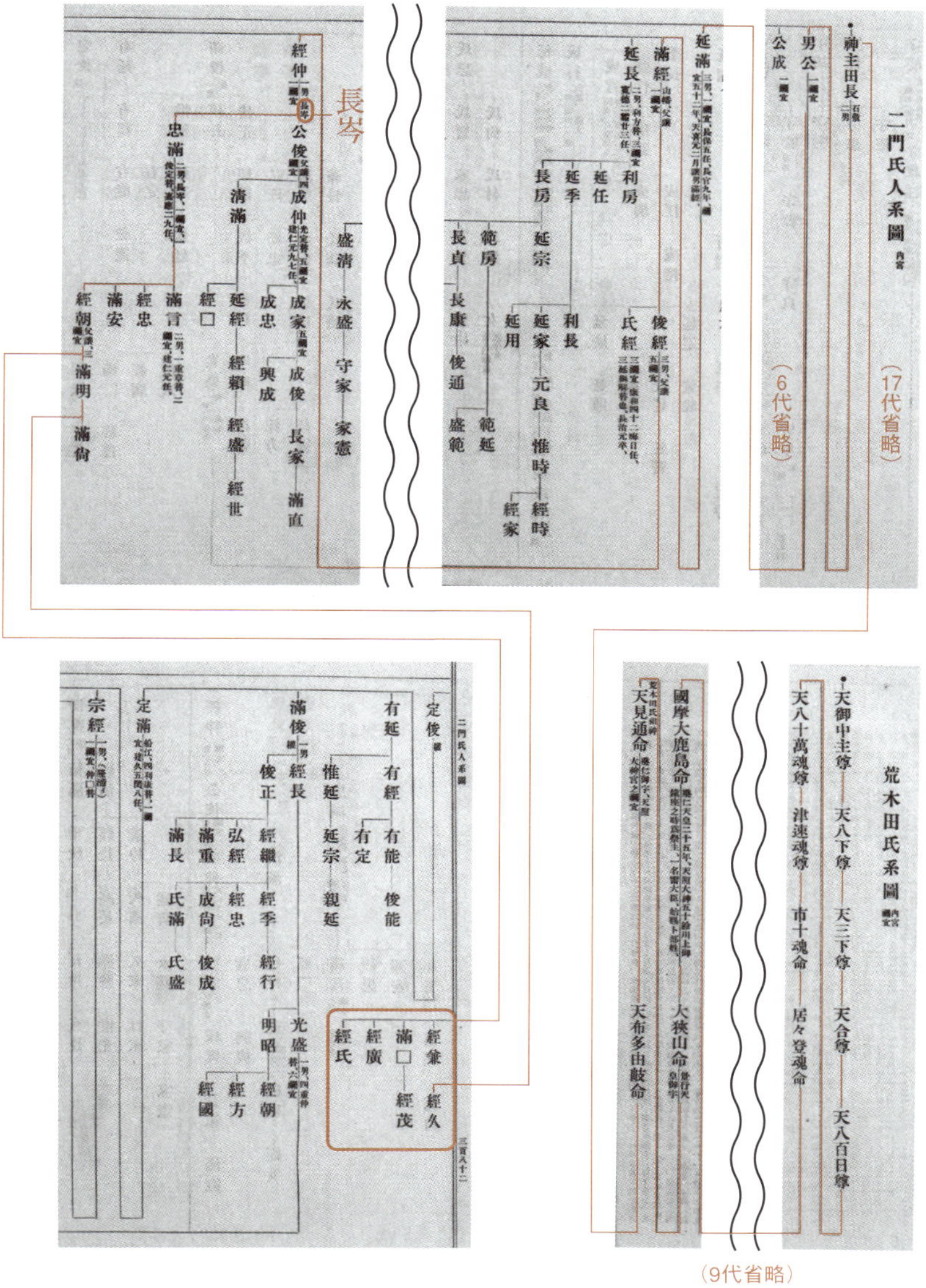

また、レファレンス協同データベースで検索するのもよいでしょう。例えば、さいたま市立中央図書館に寄せられた「『平本家』の家系図を探している」という質問に対して、どの資料に載っているのか、丁寧な回答が書かれています。

荒木田氏の家系図は『系図綜覧』や『荒木田氏系図』などに載っていました。155ページに挙げたのは『系図綜覧』です。「経仲」の名前の下に「長岑」という文字が見えます。経仲が長岑を名乗った根拠となります。

荒木田氏の系図などを家系図に足す

荒木田経仲が「長岑」と改名したあと、長岑忠満という名前が系図には載っています。その後も、4代ほど続いたあと、系図は終わっています。

子孫はいるものの、何らかの事情で没落したのでしょうか？　永峰家が、その子孫であるならば、没落後も脈々と継いでいき、永峰清次郎や私・永峰英太郎が生まれたということになります。

一方、荒木田氏の前は、どのような流れがあったのか。荒木田氏の系図を見ると、「天御中主尊」から始まっています。日本神話の天地開闢において登場する神です。

そして荒木田氏の祖神として「天見通命」とあります。古墳時代の豪族・中臣氏の祖である大鹿島命の孫です。つまり、すべての始まりは「天御中主尊」ということになります。

左ページに載せたのが、荒木田氏の系図や新たに判明した永峰家の先祖を載せた「永峰家」の系図になります。

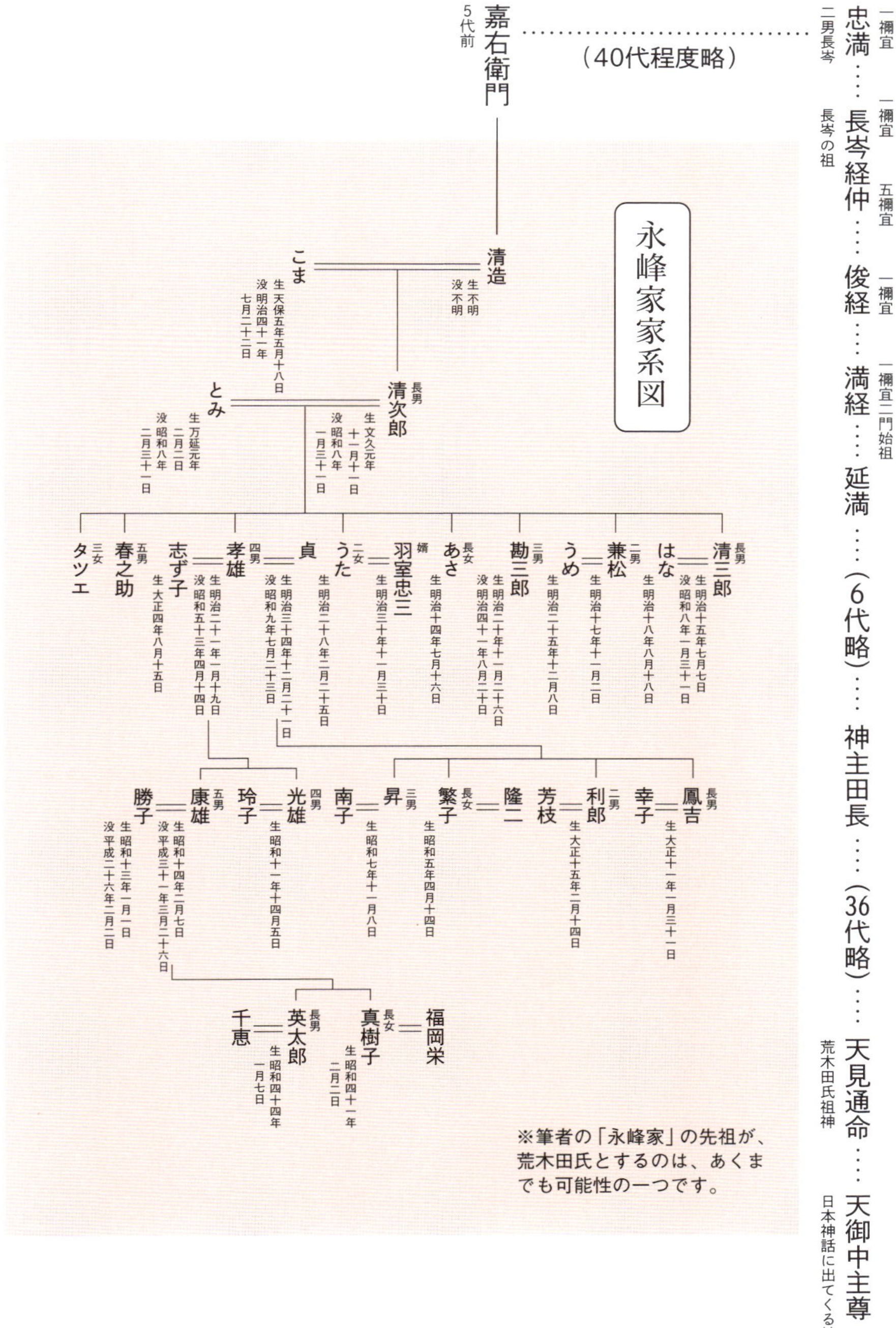

※筆者の「永峰家」の先祖が、荒木田氏とするのは、あくまでも可能性の一つです。

5-17

1000年前（中世・古代）からの大きな家系の流れを追う〈その2〉

永峰家の系図は、1000年前からの大きな流れをつかむための確固たる手掛かりは得られませんでした。ここで読者の皆さんの参考になるように、その流れがつかめたケースを紹介します。

例に挙げるのは、私の妻の旧姓である「金野氏」です。妻の出身は「岩手県一関市千厩町《せんまや》」です。一番古い戸籍から「安政2年（1855）」以来、ずっと同じ本籍地です。惣助、周五郎など歴代の名前から「農民」だったことが想像できます。

「千厩」とは、どのような土地なのでしょうか。地名辞典によると、地名の由来は、八幡太郎義家が奥州へ出兵した際に、馬千匹をつないだ地であると伝わっています。千厩エリアは、鎌倉期は葛西氏の所領だったとも書かれています。そんな千厩に金野氏は、どのように現れるのでしょうか。

里見氏が千厩金野氏の祖

『岩手県姓氏歴史人物大辞典』によると、「中世、磐井郡千厩城に拠った金野氏がある」と書かれています。その経緯について「葛西清重の臣・里見義綱が所領を与えられ、千厩郷に居住し、母方の姓を獲り金野と改姓し、千厩金野氏の祖となっ

金野家は戸籍から５代前まで追える

私の妻の「金野家」は、ずっと同じ土地に住んでいました。そして戸籍からは、５代前までの名前が見つかりました。

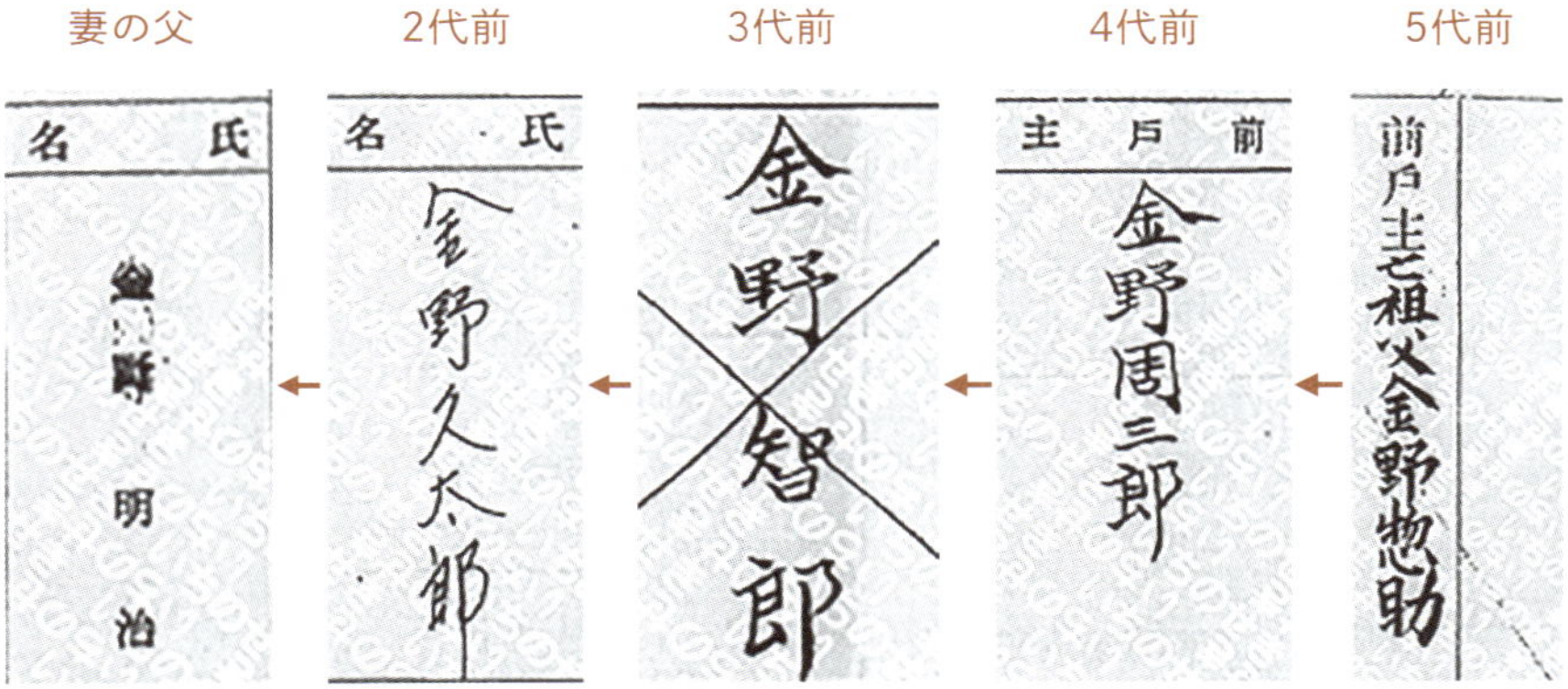

た」とあります。

一方、別の説として「新羅からの渡来人である磐井郡の古代豪族・金氏の流れを汲む」という記載もあります。

両者ともに妻の先祖のエリアに該当するため、どちらも候補になりますが、明確に「千厩」という地名が出ている前者のほうが、信ぴょう性が高いといえそうです。

里見氏は新田氏を祖とする

続いて「里見氏」は、どんなルーツがあるのかを見ていきます。調べると「新田義重の子・義俊を祖とする氏族」と記載されています。

さらに新田氏も調べてみます。すると「清和源氏の一流河内源氏の源義家の孫・新田義重を祖とする」とあります。

いかがでしょうか。妻の金野家は「金野氏↑里見氏↑新田氏↑清和源氏」という流れがはっきり見て取れるのです。

戦国時代、里見氏は没落する

ところで、戦国時代、葛西氏とともに里見氏は滅亡します。『岩手県姓氏歴史人物大辞典』には「義綱の跡は、義澄―義勝―（略）―貞澄―貞春と続き、貞春の代に没落して」とあります。では、その後、里見氏の流れを汲む金野氏は、どうなったのでしょうか。

再び同書を開くと「西磐井郡千厩町大金沢に、近隣の金野氏の大本家という金野氏があり、これが千厩金野氏（里見氏）の後裔と伝える。没落期の貞澄の孫が大金沢に帰農した」と記載されています。

2007年の電話帳によれば、金野氏は千厩町に127軒も住んでいます。長い年月をかけて分家を繰り返して勢力を伸ばさなければ、同姓がこれほどの数になることは考えにくいといえます。

妻の金野家は、千厩町大金沢にある金野氏の大本家という金野氏の流れを汲むという資料や証言は得られませんでしたが、ここから分岐した可能性は十分あり得えます。いずれにしろ、貞澄の孫が大金沢に帰農した時期に、妻の金野家も、千厩に帰農したと考えてよいのではないでしょうか。

清和源氏や新田氏、里見氏の系図は『日本系譜綜覧』に載っていました。それらをまとめたのが、左ページの系図になります。

金野家家系図

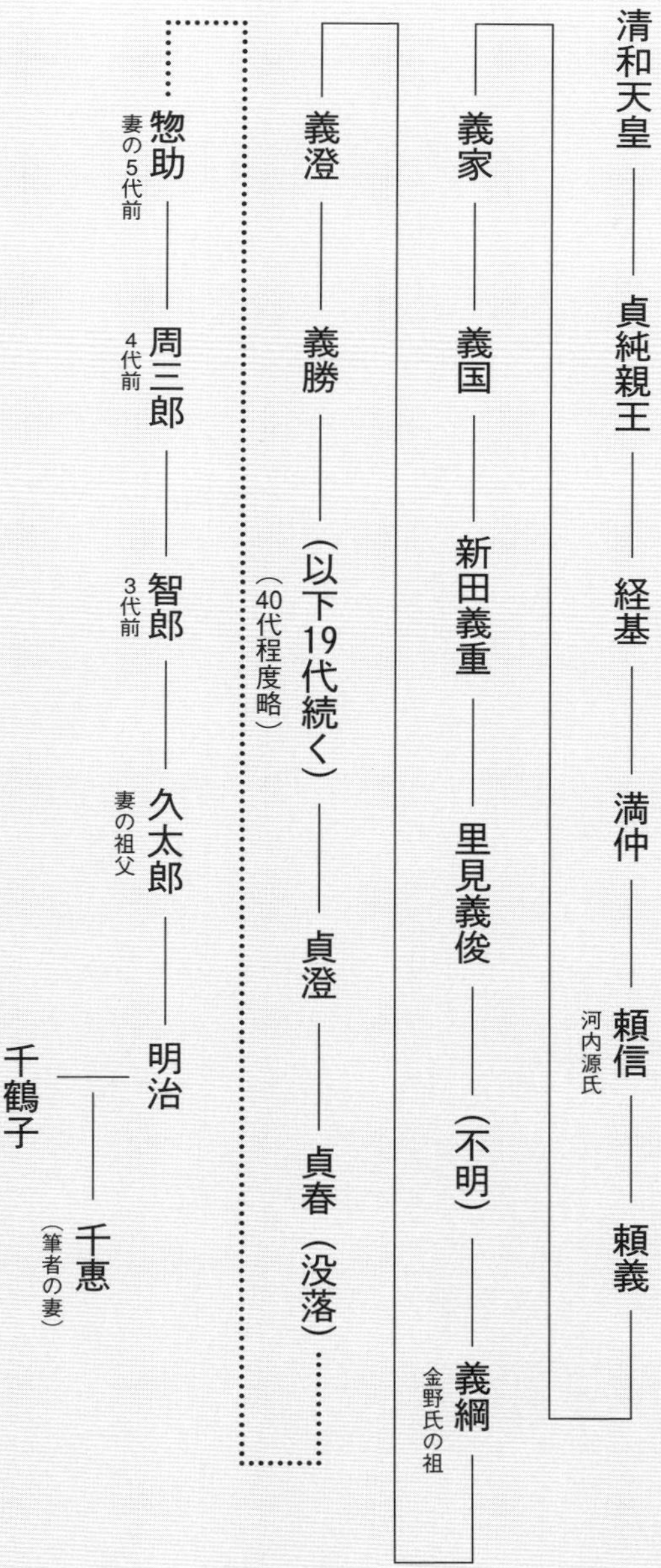
清和天皇
貞純親王
経基
満仲
頼信
河内源氏
頼義
義家
義国
新田義重
里見義俊
（不明）
義綱
金野氏の祖
義澄
義勝
（以下19代続く）
貞澄
貞春（没落）
（40代程度略）
惣助
妻の5代前
周三郎
4代前
智郎
3代前
久太郎
妻の祖父
明治
千鶴子
千恵
（筆者の妻）

おわりに

2018年、認知症の父の容態が悪化したとき、私は父の兄・利郎さんと埼玉県浦和市の居酒屋で会う機会を得ました。利郎さんには、事前に手紙で「永峰家のことも知りたい」と伝えておきました。

当日、父の現状を伝え終えると、利郎さんは、カバンからプラスチック製のすだれの一部分を取り出しました。そして「これが孝雄さん（父や利郎さんの父親）が開発し、発明賞を取ったすだれなんですよ」と教えてくれました。

また、荒川区尾久にあった永峰家のセルロイド工場のことも「煙突が2本建ってて、煙がすごくてねぇ」などと、しみじみ話してくれました。

SNSを通じて、孝雄さんの兄・清三郎の娘（滝口明子さん）のご子息とも知り合い、さまざまな情報交換をしました。彼からは、私たちの3代前となる永峰清次郎の葬儀風景などの貴重な写真や、お母さまの手記などを送ってもらいました。手記には「おだやかなやさしい人だった。母は口やかましく、とてもきびしくしつけられた」と、清三郎の人となりが綴られていました。

こうした親族との交流は、家系のルーツを追うからこそできたことです。

一昨年、利郎さんは享年96で亡くなりました。美味しそうにお酒を飲むお姿など、その日の会合のことは、私の宝ともいえるものになっています。

自分で菩提寺を訪ねたり、同姓にアンケートを取ったり、昔の地図を探したりする作業も、とても楽しく、有意義な時間でした。

時には、収穫がないこともありました。大阪府平野区にある杭全神社のご住職は、永峰家の戸籍を丁寧に見てくれて、神社の資料をあたるなど、最大限の調査をしてくださいました。その結果は芳しくはありませんでしたが、ご住職とのやりとりは、勉強になることも多くありました。

家系のルーツを追うなかで、〝時すでに遅し〟ということもありました。

私の場合は、亡き両親に、先祖や彼ら自身のことを深く聞かずじまいだったことは、かなりの後悔となっています。

父や母の幼少期の思い出や、祖父母の性格や暮らしぶりなどを、ちゃんと聞いておけばよかった！

家系のルーツを追うというのは、究極のエンターテインメントだと、私は思います。

戸籍を取って、先祖代々の名前を明らかにしていくこと。「国会図書館デジタルコレクション」などで、先祖の人となりを調べていくこと。親族や菩提寺に先祖の話を聞いていくこと。家紋を調査すること。１０００年前（中世・古代）からの大きな家系の流れを追うこと。そして、先祖の過ごしたエリアを見てまわること……。

その一つひとつが、謎解きゲームのようであり、あるいは推理小説を読み進めるようであり、本当に夢中になれるのです。

もう一つ、家系のルーツを追うというのは、親族や子孫への大きなプレゼントにもなります。誰かがやらなければ、戸籍の保存期間の問題などもあり、埋もれていってしまうのですから。

新年の集いなどに家系図を持っていけば、きっと場は盛り上がるはずです。

家系図は、パソコンで作ってプリントアウトするだけでも構いませんが、せっかくですから、手書きで作成することをオススメします。

長い年月、家系図をきれいに保存できれば、それこそ〝家宝〟になるかもしれません。それゆえ、耐久性も求めていきましょう。

この場合、使用したいのが「和紙」です。和紙は、コウゾやミツマタ、雁皮といった植物の繊維を原料としていて、洋紙に比べて、耐久性に優れています。環境状態がよければ、その寿命は１００年以上と言われているのです。

オンラインストアには、和紙の専門店が多くあるので、チェックしてみてください。安く手に入る和紙もあります。

筆記用具選びも、耐久性がポイントになります。インクには染料系と顔料系があり、長期保存には、後者がベストです。

いかがでしょうか？　家系図づくりを早く始めたくなったのではないでしょうか？

皆さんもぜひ、本書を参考にしながら、家系のルーツを追ってみてください。究極のエンターテイメントが、あなたをきっと夢中にさせるはずです！

２０２４年11月20日　永峰英太郎

【著者プロフィール】

永峰英太郎（ながみね・えいたろう）

1969年、東京生まれ。明治大学政治経済学部卒業。業界紙記者、夕刊紙記者、出版社勤務を経て、フリー。企業ルポ、人物ルポなどを得意とする。
主な著書に『日本の職人技』『「農業」という生き方』(アスキー新書)、『カメラど素人が、プロのカメラマンに撮影のテクニックを教わってきました。』(技術評論社) などがある。
また、母親の死や父親の認知症の体験をもとに 執筆した『70歳をすぎた親が元気なうちに読んでおく本』(二見書房)、『親の財産を100%引き継ぐ一番いい方法』(ビジネス社)、『マンガ！認知症の親をもつ子どもが いろいろなギモンを専門家に聞きました』(宝島社)、『認知症の親と「成年後見人」』(ワニブックスPLUS新書)、『これで安心“もしも"のときに子どもに迷惑をかけないための準備ブック』(永岡書店)、『親の家を売る。』(自由国民社) を出版。

メールアドレス　eitaro.nagamine@gmail.com

【監修者プロフィール】

渡辺 宗貴（わたなべ・むねたか）

1973年、北海道釧路市生まれ。家系図作成代行センター株式会社代表。行政書士。
行政書士として開業当初、たまたま家系図作成という業務があることを知る。興味から自分の戸籍を取って家系図を作ってみたところ、意外な手続きの面倒さ、古い戸籍の文字を読む難しさを知り、以後、専門業務として扱う。全国から毎月300件以上の相談と、年間200件以上の作成依頼を受ける家系図専門会社「家系図作成代行センター株式会社」を設立。NHK等テレビ番組に多数出演。
著書『わたしの家系図物語（ヒストリエ）』(時事通信社)。

ホームページ　https://e-kakeizu.com
メールアドレス　info@e-kakeizu.com

出版プロデュース　中野健彦
編集　永峰英太郎
校正　川平いつ子
装丁　ＪＫ
本文デザイン・イラスト　江口修平

家系図《かけいず》をつくる。

二〇二五年（令和七年）一月十日　初版第一刷発行
二〇二五年（令和七年）二月十三日　初版第二刷発行

著　者　永峰英太郎
監修者　渡辺宗貴
発行者　石井　悟
発行所　株式会社自由国民社
〒一七一‐〇〇三三　東京都豊島区高田三‐一〇‐一一
電話〇三（六二三三）〇七八一（代表）
印刷所　プリ・テック株式会社
製本所　新風製本株式会社